浙江大学数字长三角战略研究小组

组　长　吴朝晖　浙江大学校长

副组长　黄先海　浙江大学副校长

　　　　魏　江　浙江大学管理学院院长

　　　　张俊森　浙江大学经济学院院长

　　　　赵志荣　浙江大学公共管理学院院长

　　　　胡　铭　浙江大学光华法学院常务副院长

　　　　韦　路　浙江大学传媒与国际文化学院院长

　　　　尹建伟　浙江大学软件学院常务副院长

《数字长三角战略 2022：数字法治》写作组

吴朝晖　黄先海　胡　铭　魏　江　赵志荣　张俊森　韦　路　尹建伟
李铭霞　张蔚文　赵　骏　方兴东　宋学印　钟祥铭　吴　岩　沈　睿
杨佳铭　虞柳明　高亚兴　林昶廷

浙江大学数字长三角战略研究小组 著

数字长三角战略2022
数字法治

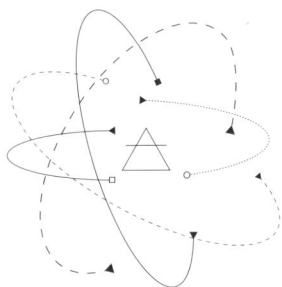

DIGITAL YANGTZE RIVER DELTA
STRATEGY 2022
DIGITAL RULE OF LAW

ZHEJIANG UNIVERSITY PRESS
浙江大学出版社

序　言

　　"法者,治之端也。"法治兴则民族兴,法治强则国家强。当前,世界面临百年未有之大变局,中国处于实现中华民族伟大复兴的关键阶段。人、物理世界、智能机器、数字信息世界的四元空间加快形成,以智能化为特征的第四次工业革命等大事变正在深刻影响着大变局的走向,特别是第四次工业革命与第二次机器革命正在高度融合、叠加推进,加速了移动互联网、人工智能等颠覆性科技的赋能应用,催生了数字法治、智慧司法等新理念、新事物,引发了智能机器伦理、网络隐私防范、生物安全风控等新问题、新挑战。在此背景下,法治作为保障数字经济和社会治理高质量创新发展的关键要素,加快数字法治体系建设对于提高我国治理体系和治理能力现代化水平意义重大。

　　长三角地区一直是中国数字经济发展的核心高地。随着经济和数字一体化进程的加速推进,法治建设正在面临深刻的数字化重塑。数字化与法治化的深度结合，引发了法律关系、司法体制、监督机制等方面的深刻变革。习近平总书记在主持中共中央政治局第三十四次集体学习时指出："要完善数字经济治理体系，健全法律法规和政策制度，完善体制机制，提高我国数字经济治理体系和治理能力现代化水平。"这为我国当前及今后数字法治体系的建设指明了整体方向。中共中央印发的《法治中国建设规划（2020—2025年）》明确要求："加强信息技术领域立法，及时跟进研究数字经济、互联网金融、人工智能、大数据、云计算等相关法律制度"。[①] 数字法治是全面依法治国建设的重要部分。长三角地区数字法治先行区建设正成为新时代的标志性领域之一。为此，本书从推进数字长三角战略出发，聚焦并深入解读数字法治这一时代命题。

加快数字法治建设是数字长三角战略为未来法治提供的先行方案。未来法治将与互联网等虚拟载体建立更加紧密的交互关系。加快法治现代化建设与推进数字长三角战略密不可分，长三角数字化发展为法治提出了变革发展的时代要求。长三角数字化发展承载着促进长三角率先基本实现现代化引领区的重要职责，这必然要求大力推动数字法治社会、数字法治政府建设，创新并加强适应数字化发展的社会治理，强化长三角数字治理体系的系统性、整体性、

---

① 《握数字经济发展趋势和规律　推动我国数字经济健康发展》,《人民日报》2021年10月20日01版。

协同性,为在全国范围实现面向数字化发展的法治现代化道路贡献先行方案与有益经验。

加快数字法治建设是数字长三角战略具有强劲生命力的根本保障。未来法治将与智能形态的发展高度关联。人机协同、群智开放的智能增强时代正在到来。推进数字长三角战略的根本目的在于通过数字化社会治理促进长三角区域高质量发展,而这离不开不断完善的市场化、法治化和国际化营商环境。数字法治建设离不开数字经济发展所提供的经济土壤,只有依托丰富的数字经济与数字治理实践,数字法治建设才能充分展开。在数字化发展成为长三角一体化发展重要目标指向的时代背景下,加快数字法治建设成为长三角战略内在的重要内容。数字法治建设致力于将法治现代化与数字化发展相融合,把数字化发展目标贯穿于法治现代化始终,如此,方能够使社会治理和社会发展具有强劲的生命力。

加快数字法治建设为数字长三角战略提供强大动能。未来法治将与产业升级和治理变革同向并行。法治是符合时代发展动态需求制度化和程序化的规范体系,法治建设必须积极回应长三角数字一体化的需求,通过构建更高质量、更有效率、更加公平、更可持续、更为安全、更加良好的法治环境,充分发挥法治在推进数字长三角战略过程中"固根本、稳预期、利长远"的保障作用。数字法治体系不仅要完善推进数字长三角战略的法律法规体系,用法治方式保障和促进数字长三角战略目标任务的顺利实现,而且要强化相关法律法规的实施,为推进数字长三角战略提供符合发展规律、回应时代需求的法治保障,不断加快构建系统完备、科学规范、运行有效的数字法治体系。

《数字长三角战略 2022:数字法治》明确以推进数字长三角战略过程中的数字法治理论与实践为对象,探讨数字法治建设的重点问题与解决方案。全书除序言外共有六章,第一章"数字法治新理念、新方法与新议题"着重分析数字技术发展的法治影响,数字法治理念在思维方式、治理工具与保护的经济形态均发生了深刻变革,数字法治方法也受到了数据作为素材来源和算法作为分析工具的重要影响,从而形成了一系列数字法治新议题。在此基础上,第二章至第六章围绕数字法治政府、数字经济反垄断、平台企业治理、智能媒体治理、数据安全治理等五大领域展开专题讨论,详细分析了长三角地区加强数字法治建设、加速实现区域治理能力与治理水平现代化的可行路径。

目　录

一、数字法治新理念、新方法与新议题

（一）数字法治新理念

当前,数字技术的迅猛发展正在深刻改变着世界。随着大数据技术的革新、深度学习算法的突破、计算能力的提升以及云端网络设施的完善,数字技术对人类社会的影响进入了崭新阶段。习近平总书记在中共中央政治局第二次集体学习时强调,我们应该审时度势、精心谋划、超前布局、力争主动,加快建设数字中国。① 当前,我国的法治建设迎来了新形势与新机遇。数字法治是法治中国建设进程中的一个新名词。当今世界正经历百年未有之大变局,新一轮科技革命、产业革命和教育革命正在兴起,人类社会的生产生活与数字技术深度融合,互联网、金融科技、实体经济和信息产业的发展高度依赖数字技术,数字基础设施成为社会基础设施的核心内容,数字技术的应用也改变了现有的法律秩序和法律关系,引发了法律关系、司法体制、监督机制等方面的深刻变革。中国数字法治的实践已经全面展开,旨在技术赋能和提高效率的智慧政务、智慧司法建设进程不断加快,智慧交通、智慧警务、智慧法院、智慧检务、智慧司法等也在不断推进。根据 2021 年浙江省数字化改革大会的最新

---

① 《审时度势精心谋划超前布局力争主动 实施国家大数据战略加快建设数字中国》,《人民日报》2017 年 12 月 10 日 01 版。

诠释,数字法治将系统性重塑"科学立法、严格执法、公正司法、全民守法"的社会主义法治全过程。作为这一领域探索的研究产物,本书结合长三角地区的实践,选取了数字法治的几个重要方面加以阐释。

1. 形成新的思维方式

人们对于问题的思考与处理所形成的习惯性模式被称为思维。思维对人的行为产生直接影响。但人们的思维方式总是受特定时代的实践方式、生活方式以及时代问题所影响,同时也受到科学技术水平发展的重大影响。近年来,以大数据、云计算、人工智能等为代表的数字技术迅猛发展,对国家的管理模式、运行机制和治理方式提出了新要求。习近平总书记在中共中央政治局第二次集体学习时强调,要运用大数据提升国家治理现代化水平。[①] 数字化转型带来了传统法治思维方式的转变,形成了新的数字法治思维。数字法治思维强调从数字经济、数据安全等角度看待和应对法治问题。

第一,数字化转型带来立法的数据思维。法治是国家治理的基本方式。良法是善治的前提和基础。人类社会已经进入互联网时代,并且正在快步迈入大数据时代。通过对海量数据的采集与分

[①] 《审时度势精心谋划超前布局力争主动　实施国家大数据战略加快建设数字中国》,《人民日报》2017 年 12 月 10 日 01 版。

析,我们可以得出新的认知与结论,进而创造出新的价值。在大数据时代,大数据所提供的精准的数据分析结果,可以赋能公共决策,显著增强公共决策的科学性与准确性。大数据时代,立法可以建立在对较为完整的相关数据的挖掘、计算、分析和预测的基础之上。例如,江苏省紧扣提高立法质量,进一步健全完善科学立法、民主立法、依法立法的地方立法体系,积极构建大数据辅助立法决策等制度机制,为进一步提高立法质量打好基础。又如,2021年4月,杭州发布《法治杭州建设规划(2021—2025年)》,指出:"完成大数据辅助立法和决策、'大综合一体化'行政执法、政法一体化协同办案、社会矛盾纠纷调处化解、公共法律服务等核心应用建设。"大数据时代带来立法观念上的转变,从要求立法者全面把握数据思维,到提高借助大数据分析指导立法活动的能力和水平。

第二,数字化转型带来执法的融合思维。作为数字时代的关键要素,数据日益成为一种核心资源。对于数字政府而言,其根本目的在于促进政府对于数字技术的运用,提高政府行政的效率,提升政府服务质量,进而在更大限度上促进社会价值的创造。数字化改革不是在数字空间中简单复制原有治理模式,而是要在数字化、智能化支撑下构建新的治理形态。平台化可以说是对这种新形态的高度凝炼。数字化改革要推动从过去以技术应用为特征的组织数字化向以平台为特征的数字化组织转变,促进数据在不同政府部门和人员之间的共享使用,提高业务间的联动水平,形成对问题的快速反应能力。例如,杭州市综合行政执法局积极探索"综合执法＋数字赋能"的联动机制,在城市管理的各个领域,充分利用执法平台的优势和高新技术手段,全面采集和解决城市管理难点问题,提高城市管理立体化执法查处效能。又如,浙江省银保监局以平台思维、金融科技手段,打造了浙江省金融综合服务平台,与市场监督、法院、税务、公安、环保等省级部门建立了数据共享对接,共享上亿条数据信息,健全优化了银政企对接机制。

第三,数字化转型带来司法的赋能思维。我国智慧司法建设将人工智能等新一代科学技术应用于检察监督、司法审判、诉讼服务和司法管理,以实现司法业务全流程、全节点的智能化为核心,实现业务及其流程的数据化、平台化和智能化,从而提高司法业务的准确性、精确性和效能。国务院印发的《新一代人工智能发展规划》明确将建设"智慧法庭"的目标设定为建设集审判、人员、数据应用、司法公开和动态监控于一体的智慧法庭数据平台,促进人工智能在证据收集、案例分析、法律文件阅读与分析中的应用,实现法院审判体系和审判能力的智能化。长三角地区在智慧法院建设中成绩斐然。最高人民法院定期组织开展智慧法院建设评价工作,华东地区在智慧法院建设平均指数方面始终稳居全国第一。例如,建立在在线审判平台之上的杭州互联网法院,其中包括网上诉讼平台、在线调解平台、电子证据平台、电子送达平台、在线执行平台以及审判大数据平台。

2. 利用新的治理工具

在立法领域,以科学立法为导向,充分运用数字技术推进"智慧立法"建设。在进行立法调研时,可以利用人工智能采集和筛选相关立法意见,分析和研判有关公众和舆论关心的立法要点,从而对立法的时机、范围、主要内容等事项做出科学的判断。人工智能等数字技术与立法的深度合作,能够在重难点立法问题的过程中有效地促进科学立法。加强"智慧立法"建设,不仅在形式上有助于我国社会主义法治体系的完善,而且也将从实质上推动我国的法治现代化进程,为新时代中国特色社会主义法治建设和国家治理体系、治理能力的现代化做出贡献。

在执法领域,以严格执法为导向,推动政府数字化转型。在数字化赋能社会服务方面,江苏公安上线运行"一体化在线政务服务平台",深入推进权力事项标准化建设。浙江省以"最多跑一次"改革为牵引,积极打造全省"互联网＋可信身份认证"平台。在数字化赋能执法方面,广东省的移动政务办公平台"粤政易"基本覆盖全省公职人员,全省1486家执法单位共4.8万余人上线办案,累计办理案件8.5万宗,其中超70%的案件通过"粤政易"开展移动执法。在数字化赋能社会治理方面,浙江省探索出"枫桥经验"和数字技术融合的发展之路。浙江省坚持与发展"枫桥经验",依托浙江省平安建设信息系统平台,不断深化网格化管理、组团式服务,积极推进网格与网络的有机融合,实现"两网"与"两化"同步创新发展,使社会治理更加精细化、智慧化、科学化。

在司法领域,以公正司法为导向,数字技术赋能智慧法院和互联网法院建设。当前,我国正在全面建设智慧法院。我国的"数字化司法"建设走在世界前列,以"数字法院""数字检察""数字公安"和"数字司法行政"为代表的数字化司法有效提高了司法业务执行和程序流转的质效。例如,上海市高级人民法院的"上海刑事案件智能辅助办案系统",探索将大数据、人工智能等现代科技融入刑事诉讼活动中。江苏省的"苏州模式—千灯方案",以千灯法庭进行试点,推进电子卷宗随案同步生成、智能编目基础工作,实现无纸化办案。浙江省的微法院项目,完成了从立案到执行等全过程的在线化,实现了诉讼服务事项跨区域远程办理、跨层级联动办理、跨部门协同办理,切实解决了老百姓问累、诉累、跑累的问题,让群众打官司"最多跑一次"甚至"一次不用跑"成为可能。

3. 保护新的经济形态

数字经济是指以使用数字化的知识和信息作为关键生产要素、以现代信息网络作为重要载体、以信息通信技术的有效使用作为效率提升和经济结构优化重要推动力的一系列经济活动。2020年4月,在中共中央、国务院印发《关于构建更加完善的要素市场化配置体制机制的意见》中,数据作为一种新型生产要素被纳入其中,与土地、劳动力、资本、技术等一道,共同构成此次要素市场化改革的重要组成部分。数据作为数字经济的基础,需要围绕数据的开放和保护加强相应的规则供给。

在数据开放方面,目前大数据资源主要集中在政府和少数市场主体手中,因此要充分发挥大数据的价值,必须完善政府公共数据开放制度,推进政府公共数据开放。2017年2月,中央全面深化改革领导小组第三十二次会议通过《关于推进公共信息资源开放的若干意见》;2018年1月5日,中央网信办、国家发改委、工信部联合印发《公共信息资源开放试点工作方案》,确定在北京、上海、浙江、福建、贵州开展公共信息资源开放试点工作。2020年2月1日,实施《国家政务信息化项目建设管理办法》,规范国家政务信息化建设管理,推动政务信息系统跨部门跨层级互联互通、信息共享和业务协同。

在数据产权制度研究方面,应当根据数据性质完善产权性质。涉及个人、商业秘密、国家秘密、版权保护等内容的数据,应首先考虑在当前立法框架下解决问题。对于当前立法无法涵盖但却有商业价值的非个人数据,如工业数据、自然地理数据等,可以考虑产权问题。大数据交易的前提是确立数据权属制度。当前各国都在积极地研究和探索,我国也需要加强理论创新并逐步探索数据产权相关规定。

在个人数据保护方面,应当制定个人数据隐私保护制度和安全审查制度,推动完善适用于大数据环境下的数据分类分级安全保护制度,加强对政务数据、企业商业秘密和个人数据的保护。随着数字技术及商业模式的发展,个人数据概念不断扩展,界限模糊;当前个人数据立法仅仅规制个人及企业但并不约束公权力;个人数据财产权性质凸显,挑战传统制度框架;国家安全价值与个人数据保护人权价值的冲突等……此类问题,都需要在未来我国数据保护立法中加以解决。

在数据流动方面,数据产权制度确立了静态的数据规则,而数据流动制度则是动态的数据规则。数据流动规则未来将成为类似货物贸易规则、服务贸易规则、人员流动规则、资金流动规则等国际社会贸易基本规则。我国正在探索数据跨境流动规则,当前已经初步构建了一个数据分级分类管理的顶层设计框架。进一步而言,还需要探索建立统一规范的包含数据流动等内容的数据管理制度,提高数据质量和规范性,丰富数据产品。

2020年12月24日,浙江省人大常委会审议通过《浙江省数字经济促进条例》(以下简称《条例》),这是全国第一部以促进数字经济发展为主题的地方性法规。既是再创浙江数字经济发展新优势、推动数字经济成为"重要窗口"重大标志性成果的现实需要,也是将长三角区域相关实践经验上升为法律制度的客观要求。《条例》从以下几个方面推动数字经济的发展:一是明确了数字经济的定义;

二是规定了数字基础设施规划和建设的有关要求;三是规定了促进数据资源开放共享的相关举措;四是规定了推动数字产业化发展的具体措施;五是规定了促进产业数字化转型的具体措施;六是规定了提升治理数字化水平的具体措施;七是规定了激励和保障数字经济发展的综合性措施。

(二)数字法治新方法

1. 数据作为素材来源

大数据时代,个人数据的价值超乎想象。随着大数据技术的发展,个人数据的收集、传输和存储实现了质的飞跃。反映个人行为、习惯、状态和偏好的海量数据以极速且隐秘的方式汇聚。数据共享和使用的成本几乎为零,数据控制者极易在不经数据主体同意的情况下利用数据创造价值。这使得人们的隐私权面临前所未有的威胁,个人信息和隐私的保护成为首要受关注的问题。大数据的共享和传播以互联网为载体,网络安全与监管同样备受关注,这当中不少问题还蕴涵了新的法律关系。如何改进网络安全监管的有效途径,建构完善的网络监管制度等都是互联网时代的新命题。在加强数据作为素材来源的法治建设过程中,上海市与浙江省积极开展了许多新的法治实践。

2021 年 11 月 25 日，上海市通过了《上海市数据条例》，成为《数据安全法》与《个人信息保护法》正式施行后的首个数据领域的综合性地方立法。《上海市数据条例》以"保护促利用"作为立法主线，聚焦数据权益保障、数据流通利用、数据安全管理三大环节，直面数字经济相关市场主体的发展瓶颈，在满足安全要求的前提下，最大限度促进数据流通和开发利用，赋能数字经济和社会发展。该条例对公共数据和个人数据的流转、开放、共享以及相关单位和政府部门的权利与义务作了具体规定，提出建立数据交易服务机构管理制度，加强对服务机构的监管，规范从业人员执业行为；制订上海数据交易所配套业务规则，支持开展交易合规性审查、登记结算、信息披露等；加快软件和集成电路、人工智能、大数据技术攻关，提升数字产业能级，加速产业数字化转型进程。

2022 年 1 月 21 日，浙江省通过了《浙江省公共数据条例》（以下简称《条例》），将公共数据分为无条件共享、受限共享和不共享数据三类，明确公共数据以共享为原则、不共享为例外，并进一步规定保障该原则落实的具体制度，助力省域治理高效协同。在此基础上，明确浙江省国家机关、法律法规规章授权的具有管理公共事务职能的组织，以及供水、供电、供气、公共交通等公共服务运营单位，在依法履行职责或者提供公共服务过程中收集、产生的数据属于公共数据。根据浙江省应用需求，税务、海关、金融监管等国家有关部门派驻浙江管理机构提供的数据,属于《条例》所称公共数据。同时,《条例》根据公共数据平台一体化、智能化的定位,提出六方面要求,包括建设一体化数字基础设施、建设一体化共享开放通道、建设一体化数字资源系统、建设一体化数据资源体系、建设一体化数据目录体系、建设一体化数据标准体系。为了保证公共数据准确性、完整性和及时性,《条例》还要求各地建立数据校核更正机制、建立健全数据全流程质量管控体系,并提供应对突发事件所必需的数据。

2. 算法作为分析工具

算法是解决问题应当遵循的过程或规则。在大数据时代,算法对于人类生活的影响已经越来越明显,发挥着越来越多的自动化决策或辅助化决策作用。算法是数据处理的核心机制。例如,在数据的收集环节,收集什么数据、在多大范围收集数据、收集多少数据,由算法通过计算机软件来实现。目前,算法存在三大问题:一是算法透明度不够,像黑箱一样;二是算法歧视,表现为算法不公平、不正义;三是算法违法,如通过算法实施一些违法的数据处理行为。

在国家层面,2021 年 12 月 31 日,国家互联网信息办公室等部门公布了《互联网信息服务算法推荐管理规定》(以下简称《规定》),将应用算法推荐技术界定为利用生成合成类、个性化推送类、排序精选类、检索过滤类、调度决策类等。在此基础上,《规定》明确了算法推荐服务提供者的信息服务规范,要求算法推荐服务提供者应当坚持主流价值导向,积极传播正能量,不得利用算法推荐服务从事违法活动或者传播违法信息,应当采取措施防范和抵制传播不良信息;建立健全用户注册、信息发布审核、数据安全和个人信息保护、安全事件应急处置等管理制度和技术措施,定期审核、评估、验证算法机制机理、模型、数据和应用结果等;建立健全用于识别违法和不良信息的特征库,发现违法和不良信息的,应当采取相应的处置措施;加强用户模型和用户标签管理,完善记入用户模型的兴趣点规则和用户标签管理规则;加强算法推荐服务版面页面生态管理,建立完善人工干预和用户自主选择机制,在重点环节积极呈现符合主流价值导向的信息;规范开展互联网新闻信息服务,不得生成、合成虚假新闻信息或者传播非国家规定范围内的单位发布的新闻信息;不得利用算法实施影响网络舆论、规避监督管理以及垄断和不正当竞争行为等。

2021年11月,上海市市场监管局根据《电子商务法》《个人信息保护法》《反垄断法》等相关法律法规,发布《上海市网络交易平台网络营销活动算法应用指引(试行)》(以下简称《指引》),规范网络交易平台网络营销活动算法应用行为,为平台经营者划出合规底线。具体而言,《指引》在不得利用算法实施不正当价格行为、不得利用算法对消费者实施不合理的差别待遇、不得利用算法仅向消费者提供针对其个人特征选项的搜索结果、不得利用算法通过欺骗方式进行有奖销售、不得利用算法对平台内经营者进行不合理限制或附加不合理条件、不得利用算法妨碍或破坏其他经营者合法提供的网络产品或者服务正常运行、不得利用算法滥用市场支配地位等方面进行了具体规定。

因此,社会中的各类主体在运用算法作为分析工具时,要严格遵守现行法律的规定。算法的各种运用活动都应当在法治的轨道上进行。

(三)数字法治新议题

1. 数字政府

数字技术催生了政府的数字化转型。数字政府是政府主动适应数字化时代背景,对施政理念、方式、流程、手段、工具等进行全局性、系统性、根本性重塑,通过数据共享促进业务协同,提升政府治理体系和治理能力现代化水平。数字政府就是政府的数字化、智慧化。当前推动政府治理体系和治理能力现代化的数字政府建设,最为关键的便是通过数字技术赋能政府,促进政府职能转变和更好地履行职能,驱动政府效能提升。在理论层面上,行政主体理论的重塑为整体政府改革提供理论指引,政府数据共享为行政一体化注入信息要素、提供数字技术,从而提高政府治理能力,实现"整体智治";在实践层面上,自动化行政不可避免地要借助人工智能进行大数据研判,也会产生数据收集与处理的风险,侵犯个人隐私。此外,算法不透明同样会引发风险。有必要对自动化行政进行法律控制,不仅要确立以数据权保护为核心的宗旨,还需建构公开、透明且具有可救济途径的程序,确保自动化行政的正当性,推进依法行政,提高权利保障并促进社会效益的增加。

长三角三省一市在多领域展开了以数据共享为基础的跨部门、跨主体协作的有益探索,设立了跨行政区域的数据共享组织,满足了人民对于异地办理各项事务的服务需求。以"为人民服务"为中心,以跨行政区域的地方人民政府为牵引,以数据共享为保障的跨行政区域的共设数据机关,是政府从组织上实现数字化转型的全新样态和未来发展趋势,然其仍存在机构设置的组织法依据不明确、运行规则不统一、数据共享有障碍等问题,需要从理论上进行探索,并在法律制度层面予以完善。

2. 数字经济

数字经济是以数据资源为关键生产要素,以现代信息网络为主要载体,以信息通信技术融合应用、全要素数字化转型为重要推动力,促进效率提升和经济结构优化的新经济形态。近年来,我国数字经济占比不断提升,为经济社会的可持续健康发展提供了强大动力。在长三角地区,数字经济正在成为推动长三角高质量一体化发展的关键动力。然而,随着我国数字经济规模快速扩张,发展不平衡、不充分、不规范的问题逐渐突出,这些问题不仅影响数字经济健康发展,而且违反法律法规,对国家经济金融安全构成威胁,必须坚决予以纠正和治理。这迫切需要转变传统发展方式,加快补齐短板弱项,提高我国数字经济治理水平,走出一条高质量发展道路。习近平总书记在主持中共中央政治局第三十四次集体学习时强调:"要规范数字经济发展,坚持促进发展和监管规范两手抓、两手都要硬,在发展中规范、在规范中发展。"①

我国数字经济从小到大、由弱渐强的发展之路,也是我国与数字经济和互联网相关的法律法规不断完善的过程。面向未来,需要法治护航数字经济行稳致远。数字法治建设要求从立法、执法与司法等方面,进一步加强对数字经济的规范和保障,完善数字经济治理体系。在国内层面,要健全法律法规和政策制度,完善体制机制,加强数字经济的司法保障,不断提高我国数字经济治理体系和治理能力现代化水平。在国际层面,要积极参与数字经济国际合作,主动参与国际组织数字经济议题谈判,开展双、多边数字治理合作,维护和完善多边数字经济治理机制,及时提出中国方案,发出中国声

①《握数字经济发展趋势和规律 推动我国数字经济健康发展》,《人民日报》2021年10月20日01版。

音。2020年12月,浙江省通过了《浙江省数字经济促进条例》,首次将数字经济领域相关基础性概念上升为法律概念,聚焦数字基础设施、数据资源两大支撑和数字产业化、产业数字化、治理数字化三大重点,创设了一系列保障和促进数字经济发展的制度措施,为我国完善数字经济治理体系提供了可借鉴的经验。

3. 平台企业

近年来,平台企业的迅速发展引发了平台"二选一"、"大数据杀熟"、数据安全等风险。世界各国普遍面临着数字平台滥用支配地位、排除限制竞争等问题,积极寻求有效监管和治理平台企业的方法。习近平总书记在主持中共中央政治局第三十四次集体学习时强调:"要纠正和规范发展过程中损害群众利益、妨碍公平竞争的行为和做法,防止平台垄断和资本无序扩张,依法查处垄断和不正当竞争行为。要保护平台从业人员和消费者合法权益。要加强税收监管和税务稽查。"[1]

实践中,对于平台企业的治理主要从竞争、数据以及算法等层面展开。在竞争层面,许多国家都出台了针对平台企业的竞争政策,聚焦增强传统规则在规范平台企业时的有效性,调整平台企业

---

[1] 《握数字经济发展趋势和规律　推动我国数字经济健康发展》,《人民日报》2021年10月20日01版。

经营者集中申报门槛、增强相关执法机构的监管权力等。在执法层面,欧盟、美国等开始频繁发起对大型平台企业的反垄断调查并对违法者处以高额罚款。在数据层面,欧盟出台《通用数据保护条例》,要求平台企业在收集、存储和处理用户数据时严格遵守其规定。世界上其他国家也纷纷借鉴欧盟的做法,推出本国的数据保护立法。在算法层面,提升算法透明度、强化算法审查、评估算法影响等成为平台企业治理的重点方向。

对于我国而言,2021 年 2 月,国务院反垄断委员会正式印发《关于平台经济领域的反垄断指南》(以下简称《指南》),为我国在平台经济领域的反垄断工作提供了初步框架,为未来平台经济领域的反垄断工作提供了指引。但是,该《指南》受到上位法的约束,仍然具有一定的局限性。我国对于平台企业的治理仍然需要进一步加强,加快推进反垄断法、反不正当竞争法等修订工作,加快完善相关法律制度等。长三角地区对平台企业的监管和治理进行了积极的探索。例如,2020 年 9 月 22 日,江苏省市场监督管理局发布《江苏省经营者反垄断合规指引》;2021 年 8 月,浙江省市场监督管理局发布《浙江省平台企业竞争合规指引》,为浙江平台企业开展竞争合规工作提供了明确指引和具体要求;2021 年 9 月 29 日,浙江省通过了《浙江省电子商务条例》,明确网络社交、网络直播等相关经营者符合条例规定的特定条件的,应当履行平台经营者和平台内经营者的相应义务。

4.智能媒体

当前,人工智能技术在新闻领域的应用更为广泛,人机协同进一步加强,人工智能和媒体的结合更加深入,越来越多的新媒体应用场景和消费场景被创造出来。2019年1月25日,习近平总书记在主持中共中央政治局就全媒体时代和媒体融合发展第十二次集体学习时强调:"要探索将人工智能运用在新闻采集、生产、分发、接收、反馈中,全面提高舆论引导能力。"[①]智能媒体的发展也不可避免地带来一定的法律风险。例如,虚假的社交媒体账号可能会影响国家的舆论走向、民族文化以及意识形态,需要进行严格的监管。此外,智能媒体使用AI撰写新闻报道,甚至以"适当"的声音向相关受众报道突发新闻,此类智能媒体的生成内容在法律上不仅面临着是否享有著作权的争议,也存在着是否应当承担侵权责任的难题,这些都需要通过加强数字法治建设的方式加以回应。

长三角地区作为全球数字技术的创新高地之一,智能媒体创新与发展不仅是驱动数字经济发展的重要内容,也是积极引领数字中国建设,以数字化转型驱动整体生产方式、生活方式

[①] 《推动媒体融合向纵深发展 巩固全党全国人民共同思想基础》,《人民日报》2019年01月26日01版。

和治理方式变革的基本要求。数字媒体技术及其基础设施建设，是长三角区域一体化"新基建"的重要内容。长三角三省一市协同发展，既要在智能媒体技术的应用方面有创新性引领，不断催生传媒领域的新产业、新业态和新模式，又要在智能媒体技术的基础设施建设方面发展协同创新优势，打造智能媒体创新发展的一体化示范区，使智能媒体技术赋能传统媒体转型升级，助推数字技术全面融入社会交往和日常生活，构筑全面畅享的数字时代新生活。

5. 数据安全

现代社会在很大程度上依赖于数据而运行。以互联网为平台的互联互通与大数据、人工智能等技术相结合，催生出海量的数据和以数十亿计的网络使用者，这彻底改变了人类的生活方式。但是在带来便利的同时，数据的广泛收集和使用也引发了数据在收集、存储、加工、使用等方面的安全问题。数据安全已成为关乎国家安全与经济社会发展的重大问题。2017年12月8日，习近平总书记在中共中央政治局就实施国家大数据战略进行第二次集体学习时指出："要切实保障国家数据安全。要加强关键信息基础设施安全保护，强化国家关键数据资源保护能力，增强数据安全预警和溯源能力。要加强政策、监管、法律的统筹协调，加快法规制度建设。要制定数据资源确权、开放、流通、交易相关制度，完善数据产权保护制度。"①

　　面对数据安全保护的时代需求,2021 年 6 月 10 日,第十三届全国人大常委会第二十九次会议通过了《中华人民共和国数据安全法》,从国家立法的层面对数据安全问题进行了回应,确立和完善了数据安全保护管理的各项基本制度,形成了我国保障数据安全的顶层设计,在数据安全领域践行了总体国家安全观的要求。2021 年 7 月,浙江省发布《数字化改革　公共数据分类分级指南》。作为浙江省针对公共数据分级分类发布的首个省级地方标准,该指南根据公共数据具有的共同属性或特征,从数据管理、业务应用、安全保护、数据对象四大维度,将公共数据分成 30 余个子项。2021 年 11 月,上海市通过《上海市数据条例》,实行数据安全责任制,为上海全面推进城市数字化转型提供了基础性制度保障。

---

① 《审时度势精心谋划超前布局力争主动　实施国家大数据战略加快建设数字中国》,《人民日报》2017 年 12 月 10 日 01 版。

二、数字法治政府

法治政府建设是我国高水平推进治理体系和治理能力现代化的重要支撑。随着数字技术的发展、数字思维的普及，"数字法治政府"这一概念应运而生。建设数字法治政府成为数字时代下打造服务型政府、不断提升行政管理效能的重要路径。2021年8月，中共中央、国务院印发《法治政府建设实施纲要（2021—2025年）》，首次提出"全面建设数字法治政府"，并明确指明要"坚持运用互联网、大数据、人工智能等技术手段促进依法行政，着力实现政府治理信息化与法治化深度融合，优化革新政府治理流程和方式，大力提升法治政府建设数字化水平。"

从单一的数字政府、法治政府建设到数字法治政府建设，意味着政府数字化转型与法治化建设的并轨，其目的是实现技术与制度的协同增效。数字政府建设绝不仅仅是"监管的数字技术"或者"数字技术的监管"，而是"对政府理念、机构、职能、流程再造的法治化进程"。建设数字政府对推动法治政府建设的重大意义，在于它可以促进政府决策科学化、社会治理精准化、公共服务高效化、政府治理民主化。在推进法治政府建设的过程中，不仅需要借力数字技术，更好地履行政府职能，不断提高依法治国、依法执政能力，而且要通过构建一系列法治制度，保障政府的数字化转型，规避数字政府建设过程中可能遇到的种种法治风险。

（一）数字化赋予法治政府建设新机遇

1. 数字基础设施的泛在化

依托物联网技术，各类智能传感器的广泛布局有助于实时准确地收集各类精细化的数据，使得对城市中可能出现的各类风险作出准确识别和及时反应成为可能。5G技术的发明与应用则不仅提升了网络速率，还推动了无人驾驶、VR、物联网等技术的进一步发展。物联网、5G等数字新基建，不仅能够带来生活便捷性的提高，在推动司法公平、构建法治社会和法治政府方面也表现出了突出的潜力。

物联网技术集远程、实时、客观、万物互联等性能于一体，为法院在物证采集、存证、采信和判决执行等方面提供了有力支持。基于物联网技术，对法院查封、扣押财产进行全程实时监控，可以有效解决法院查封财产在保管期间因无法得到有效监管而导致的动产减少或被破坏、不动产遭到非法入侵，以及相应的难以追责等问题。2020年起，江苏省无锡市中级人民法院开展了基于物联网感知技术的一系列司法创新。为保障法院执行过程中被执行人企业财产价值不减少和企业正常生产经营，无锡市采用财产动态查封监管平台,对生产经营企业原材料、产品数量等财产进行全流程、全时段、全方位的感知和预警。此外,无锡市还创新采用了物联网技术电子封条,此类封条不仅具有柔性好不易撕毁、低能耗值守、全时段感知的基础特性,还可以实现多方式感知和全方位取证。此类电子封条内置的不动产边缘感知系统可以全面感知拆除、搬移等外来事件,并通过现场语音警示、自动拍照、摄像取证,自动传送到监管平台和执行法官的手机终端,展现被查封财产的实时状况。

5G 作为新一代移动通信技术,因其"大带宽、低时延、广连接"等特性,在智慧法院、社区矫正等领域也得到了广泛应用。许多地市的智慧法院建设都探索 5G 技术与法院审判业务的深度融合,推动审判执行工作提质增效。亦有多地正稳步推进 5G 技术在社区矫正工作中的创新应用。例如,2021 年 9 月,江苏省盐城市亭湖区引入全省首台配备 5G＋VPDN 模组的"宜法"自助矫正终端。一方面,借助 5G 和物联网技术,操作者无需插入网线便可以以 5G 通信速率高速访问政务网。另一方面,终端所应用的技术解决了传统工作数据易暴露于公网的弊端,让数据自采集上传便存储于政务网中,确保数据流转全流程的安全稳定。在数据绝对安全的前提下,这一终端可以快速部署于移动执法车、镇(街道)、村(社区)等执法场所中,助力社区矫正工作更加高效地开展。

2. 治理技术的智慧化

许多前沿技术已被广泛地用于政府治理中。智慧化的治理技术,不仅提升了政府各部门获取和处理各类数据信息的效率,也全面融入立法、执法、司法、守法等法治环节,极大地提升了政府治理法治化、规范化的进程。

数字技术应用最为广泛的领域之一即监管与执法领域。基于人工智能、大数据等智能技术,许多地区构建起行政执法信息平台和监督平台。智慧监管和执法之间的有效衔接进一步确保了监管的全面性,"互联网＋监管执法"的模式由此建立。这一新模式主要目的是通过数字技术提高监管执法的效能,解决执法主体过多、执法部门化、执法成本高、非现场执法、执法半自动化等问题,同时在数字技术的辅助下,系统也会对监管执法情况进行智能分析,堵住监管漏洞,不断优化执法流程。此外,相较于传统的监管模式,"互联网＋监管执法"模式可以实现智能化辅助行政决策,推动行政决策科学化、透明化、法治化,减少以往行政机关随意行使自由裁量权的模糊空间和"解释权",由此更能确保对行政执法公权力的有效监督。2018 年,面对日益复杂的环境治理事务,上海市启动"互联网＋环境监察"模式。针对以往单纯依靠人力的环境执法存在的工作效率低、信息共享率低等缺点,上海市环境监察总队依托物联网、大数据、人工智能等信息技术,扩大在线监控、无人机等科技手段在环境执法监管中的应用,不仅打造了全市统一的环境监察移动执法系统,实现基础数据库、系统功能架构、执法表单的"三统一",还构建了环境监管大数据平台。利用执法大数据,平台开发设计出环境执法统计分析功能,从污染源统计分析、环境执法各项业务分析、环境执法机构及人员绩效分析三个维度开展统计分析,让大数据平台成为广大执法人员交流、分析、研判的"大脑"。2020 年,浙江省杭州市余杭区把握住数字治理的先发优势,打造人大专项监督工作应用场景,构建"综合集成、精准聚焦、协同高效、闭环管理"的新型人大法治政府监督机制,形成法治政府建设"监测—分析—评价—预警—反馈"的全流程监督闭环。

区块链在法治建设中的应用也日益增多,不仅为弱势群体权益保护、知识产权保护、金融风险防控等提供了有力支持,其在司法诉讼中的应用更是实现了数据采集全流程溯源,有力保障了公平公正。2022 年 1 月 30 日,中央网信办官网发布《中央网信办等十六部门联合公布国家区块链创新应用试点名单》,公布了 16 个行业的 164 个特色领域试点单位,其中北京市司法局、江苏省司法厅、深圳市司法局等 8 家单位入选"区块链+法治"特色领域试点。随着社会经济生活的电子化,电子证据逐渐成为支撑司法审判的重要证据形态。又由于区块链具有去中心化、不可篡改、加密可追溯等特性,区块链技术在电子证据中的应用使得质证环节争议性大大降低,从而可以实现庭审过程中快速质证,显著提高庭审效率。2021 年 4

月,深圳市龙华区人民法院首度启用区块链证据核验平台,对原告提交的区块链证据进行当庭核验,核验通过后即对侵权事实进行认定,并当庭宣判。这大大提升了知识产权民事案件的审理效率,维护了权利人的合法权益,实现了当事人在"深圳移动微法院"便捷举证、法官在核验平台高效校验的闭环链条。

3. 参与治理主体的多元化

我国的法治政府建设已步入精细化的发展阶段。在传统行政管理中,政府作为单一治理主体的模式已无法适应现阶段法治政府建设的要求,因此亟待通过调动群众积极性,提升人民群众在法治建设中的参与度。这不仅是对新时代治理理论中"多元主体参与"这一重要原则的呼应,也有助于从根本上增强群众对法治政府建设的认同感、获得感与幸福感。在公众的监督和推动下,政府会进一步实现善治和精治。法治政府建设对于法治国家和法治社会建设的推动作用会更加充分地发挥出来。我国部分地区已有了此类尝试。2020年,江苏省就率先出台了《关于进一步加强人民参与和促进法治建设工作的指导意见(试行)》,从保障人民参与行政立法、加大人民参与行政执法监督力度、促进司法公正、促进全面守法等四个方面,为人民参与、促进、监督法治建设提供制度性保障。

数字技术的飞速发展为公民参与法治建设提供了现实路径,如构建多样化、便捷化的诉求与意见表达渠道,使过去公众参与渠道较为单一、公民与政府互动性较差的问题逐渐得到解决。网络听证会、在线民意调查等的频繁发生为民主参与营造了良好氛围;网络移动设备的普及使得信息传播速度大大加快,从而奠定了公众参与的信息基础;人们也可以通过移动客户端在决策制定、问题建议等方面随时随地表达自己的看法,并得到及时反馈,由此形成政民之间的良性互动。以江苏省常熟市为例。近年来,常熟市司法局借助数字化技术的力量,不断拓宽人民参与司法途径,加强培育公共理性。首先,常熟市大力开展数字化法治宣传,拓宽群众学法的渠道。一方面,坚持以案释法,通过"常熟七五普法在线"微信公众号更新"每日一案",并转发至"法润民生"微信群,提高群众法治意识;另一方面,在人民调解宣传月期间,开展"一法一条例"线上知识竞赛,加强人民群众对"依法调解"理念的理解。其次,常熟市积极拓宽群众参与立法的数字化渠道,不仅在"常熟七五普法在线"微信公众号增设"立法征求"入口、发布各类征求信息至"法润民生"微信群,提高立法征求消息的覆盖面,鼓励群众及时参与,而且还创新性地设立了江苏省内首个"数字门牌+立法征求"项目,让群众在家门口"扫一扫"就能实时反馈意见,真正实现全民参与立法民意征求。再次,常熟市通过一系列平台建设,拓宽纠纷化解渠道,让数字化法治理念深入人心。一是依托"常熟市网格化社会治理联动指挥平台"设置"非诉讼纠纷解决综合平台",将其发现的矛盾纠纷自动同步至非诉平台;二是在各非诉讼服务中心设立远程视频调解室,实现远程调解;三是大力推广"江苏微解纷"小程序,实现线上一站式受理、分流、研判,提高办事效率。

(二)数字法治政府建设面临的挑战

1. 新兴技术的不确定性

数字化浪潮下产生的一系列新兴技术既为政府治理、人民生活带来了极大的便捷,也在伦理与安全、有效性与公平性、就业风险等方面给法治化建设带来了一系列挑战。

第一,新兴技术的伦理与安全问题备受关注,全球范围内正探索通过法律制度和手段对相关技术应用进行规制。以人工智能技术为例,目前已有许多应用的负面案例证明该技术未来极有可能僭越伦理规范预设的行为边界,对人类的生存产生威胁。例如,2017年,美国 Facebook 公司实验室中的两个人工智能机器人使用机器学习相互对话,并不断进行对话策略迭代升级,逐渐发展出了一种机器人之间能理解但人类无法理解的语言。这些具有自主意识的超级智能可能会对人类进行控制和统治,从而带来反噬风险。此外,人工智能也给隐私安全带来了巨大挑战。2019 年 5 月 14 日,美国旧金山市通过了《停止秘密监察条例》,明令禁止旧金山的政府机构使用人脸识别技术,并将"靠人脸识别技术获得某些信息"列为违法行为,这体现了旧金山市政府对于人工智能技术广泛应用的担忧。

第二,当技术应用于法治建设中,其有效性和公平性也备受质疑。人工智能技术与司法实践的深度融合是实现司法现代化的必由之路,但人工智能在司法应用中存在技术固有的局限性、数据资源不足、算法偏见和黑洞、信息安全等多个问题,因此亟需法律手段规范人工智能等技术在法治领域的应用。一方面,人工智能算法的本质是用过去的经验预测未来的结果。若过去的经验中存在一定的歧视和偏见,它们就会固化在算法中,这会导致不公平甚至错误的法律决策生成,因而造成难以估量的负面效应。另一方面,随着人工智能算法普遍应用于政府决策中,技术理性与人文温度的冲突显得愈发突出。技术至上的观念深入人心,决策者有可能完全不考虑人工智能算法可能存在的"算法黑箱"等问题,而是一味相信其计算结果,进而做出最终决策。从长期来看,这种对技术的无上追求会限制决策者创新和思维能力的提升,使其丧失综合、辩证地思考有关法治问题的能力。

第三,在工商业各领域,人工智能对于普通人力资源的取代将会给社会治安稳定带来危害。现如今,人工智能时代下的"机器换人"已成为多个领域的普遍趋势。毋庸置疑,人工智能对于低技能体力劳动人群具有极强的替代性。我国第二、三产业中的许多传统劳动密集型产业已经成为"机器换人"趋势下的失业"重灾区"。就业是最大的民生,而人工智能技术对于就业结构的冲击则会带来贫富差距的加大等一系列社会不公平问题,对社会稳定造成巨大负面影响。此外,人工智能对于高技能脑力劳动的替代也将在未来成为现实。

2. 政府公权力的数字化延伸

数字技术有助于约束行政权力、强化纵向治理,从而推进政府进一步规范化、科学化运行。与此同时,政府公权力也因数字技术的广泛应用得到极大延伸,需要通过一定的法律加以限制。

首先,为推进数字治理发展,企业与政府开展了深度合作,大量前沿技术被应用于治理中。例如,人工智能算法在政策、规划制定等领域的应用已十分普遍。然而,基于算法的决策尽管看似智能且科学,但其中暗含的复杂算法却是普通民众难以触及的。实际上,在法治建设的实践中,要珍视并培育社会的自发秩序,不能因为技术进步,就重新回到政府可以包办一切的过去。

其次,政府通过数字化手段收集了大量的用户敏感信息,致使个人信息隐私权面临来自政府部门在收集、公开、管理、利用等各个环节的侵犯危险。一旦发生数据泄露、违规使用、非法交易,个人隐私、企业利益、国家安全等都会遭到不同程度的损害。同时,政府数据开放与个人信息保护之间也存在着天然的互斥。从个人本位出发,应将个人信息从政府数据开放资源中剔除,并禁止一切基于个人信息的再利用行为。然而个人信息在政府数据开放领域呈现出极强的公共面向,应以保障个人信息安全为基础,促进对政府开放数据的合理利用,提升公共福祉。

最后,近年来,政府向企业"索取"用户数据的情况也屡见不鲜。2021年6月,微软公司曾披露,美国联邦执法部门近年来向微软公司频繁索取用户数据,此类"保密令"签发的频次多达每天7～10份,涵盖用户的邮件内容以及储存在云端的涉密内容等诸多隐私信息。我国的现行法律对政府获取个人隐私数据作了较为严格的条件和程序限制,但未来仍要持续完善法律体系以避免类似上述美国联邦执法部门"滥用职权"的行为,加强对政府向企业"索取"数据的规制。

3. 公民失权的数字化拓展

当前,"无技术者无权利"和"信息茧房"已成为数字化时代下公民失权的两大表征。一方面,由于个体、区域等差异,"数字鸿沟"正进一步扩大;另一方面,在算法的主导下,人们常会被动地接受信息推送,由此受困于"信息茧房"之中。

首先,代际差异下,老年人所面临的"数字鸿沟"问题日益凸显。进入由智能手机、移动互联网构成的高度数字化时代,网约车、网络购票、电子支付等已成为当代青年人习以为常的生活方式。然而,伴随着数字化浪潮的还有人口老龄化浪潮。随着老龄化进程加快，老年人成为需要重点关注的"数字难民"群体之一。他们中的许多人不仅无法享受信息技术带来的巨大效益，而且还会因此产生诸多不便。以健康码为例，尽管2020年3月健康码的推出为新冠肺炎疫情防范提供了极大的便利，但许多老年人却由于不会使用智能手机或缺乏相关知识，被公交车、商场等需要健康码通行的场所拒之门外。更有甚者，部分老年人还会因为技术上的"失能"而陷入新型技术包装的骗局。

其次，城乡或区域差距带来的信息不均等亦是"数字鸿沟"的突出表现之一。由于技术接入、使用、利用上均存在不平等现象，信息鸿沟在某种程度上正不断加大。在大数据时代下，各类技术和智能终端扩展了公民的知情权、表达权、参与权和监督权，但是这些权利或许只有部分人可以享受。由于城乡、区域之间存在教育分化等原因，不同地区居民获取信息的能力有着较大差距。此外，信息基础设施在城乡、区域之间的不均衡配置会进一步加大这一差距。截至2020年12月，我国城镇地区互联网普及率达79.8%，而农村互联网普及率为55.9%，且农村地区非网民占比高达62.7%。这种城乡或区域间的"数字鸿沟"很可能会使居住在乡村和欠发达地区的人民，在数字化转型中落伍，在数字赋能的公共决策参与中陷入新的不平等。

除"数字鸿沟"外，"信息茧房"则是数字化时代下公民失权的另一种形式。为增强用户黏性,新的算法技术不断被开发、应用于个性化推荐中。在各类算法的精准计算下,一套"个人日报"式的信息系统由此形成。互联网用户被推送了海量相似度极高的信息,因而受困于"信息茧房"。长此以往,用户的社会认知会不断窄化,未来有可能无视甚至排斥其他观点与内容。简言之,在算法的"霸权"之下,人们逐渐丧失了选择所获取信息内容和渠道的权利。而从社会角度而言,这会致使个体之间信息鸿沟的进一步加大,社会共识难以达成,社会凝聚力因而变弱。

(三)建设数字法治政府的实践路径

1. 加强对新兴技术的法律规制

如今,人工智能等新技术正成为引领第四次工业革命的重要科学技术,带领人类进入智能化时代。为了保障人类安全,我们需要高度关注技术存在的不确定性问题。除了不断推进技术进步,更重要的是让技术在合法合规的前提下运行,让法律的进步与技术的发展相辅相成、优势互补,进一步营造并完善人工智能法治生态,运用法治思维、法治方法应对人工智能等新科技在发展中带来的风险与挑战,规范、引领人工智能等新兴技术的发展与运用。

第一,明确技术应用的安全性原则,规避其对信息安全带来的负面影响。一是要通过严格立法,规范商业机构对个人信息的获取与利用。针对人脸识别、语音识别等人工智能技术的应用,要严加禁止商业机构对个人信息数据的滥用、泄露等违法违规行为。二是要明确相关危险后果的责任承担主体。由人工智能本身失控造成的损害,其设计者应承担相应的责任;由人工智能技术的不恰当使用造成的损害,应由其使用者承担一系列侵权损害赔偿责任。三是要建立人工智能技术安全事件应急响应机制。不仅要进一步完善人工智能产品安全评估评测体系,提升人工智能产品和服务安全保障水平,也要收集人工智能技术漏洞相关的安全事件并及时上报有关监管部门。

第二,当技术应用于执法、司法等过程中,要保证基础数据、预设算法无偏颇,也要确保算法透明化。一方面,在人工智能技术发展与应用中,要保障数据信息的抓取、算法程序的设定等都做到无歧视,如此才能保证法律决策、司法裁判具有可信度和公平性。另一方面,现代司法公正不仅要求程序与结果公平公正,司法过程的公开也十分重要。在人工智能驱动的司法中,若结论是由隐秘而复杂的算法得出的,即使再公正,也难以得到公众的认可。因此要保障算法过程尽可能透明可知,以推动全方位的司法公正。

第三,要做到既能保障生产高效率和市场活跃度,又能最大化地避免人工智能技术对劳动市场的冲击。一是要发挥人工智能技术的优势,拓展人工智能产业领域的就业机会。要紧紧抓住人工智能技术发展契机,占领制高点,不断优化产业结构、进行产业转型升级,以创造出更多具有高附加值的职业岗位。二是要进一步优化劳动者的技能培训,既要将人工智能嵌入职业培训中以提升民众对于技术的熟知度,又要提升就业者的数字技能和学习能力以提升其在就业市场上的竞争力。三是要与时俱进,积极完善应对新型就业的相关法律及社保制度。例如,可以尝试推行再就业者的专属基金,保障因人工智能技术失业的劳动群体的生活与再就业。

2. 限制公权力无序扩张的法治化路径

对于公权力的监督是法治建设的核心命题。当政府公权力得到数字化延伸,法治建设也应与时俱进,让数字化赋能下的各项权力都在法治的轨道上运行。

第一,完善政府算法应用行为的标准规范体系。为防止政府公权力和技术性权力的结合而带来的对个人权利的侵犯和控制,应加强立法确保算法利用的合法性和公平性。在对政府机构进行算法规制上,全球范围内还鲜有国家或地区开展此类实践。新西兰于2020年7月出台"算法章程",成为全球首个出台政府使用算法标准指南的国家。截至2022年2月,已有28个政府部门签署该章程。各部门承诺,要保证算法驱动决策的过程公开透明,包括给出使用算法的简单英文解释、提供有关数据和算法流程的信息以及发布关于如何收集、存储和保护数据的信息;要明确数据的局限性,及时纠正数据存在的"偏见",以确保数据的使用能达到预设目的;要定期对算法进行同行评审,并就可能存在的不良后果作出修正;要保持人对算法的监督,包括构建对算法决定上诉的渠道、明确人类在算法决策中的作用等。

第二,完善政府内部管理制度。一是要建立完善的数据权限管理制度,严格限制政府工作人员接触个人隐私信息。在明确工作人员权限范围的基础上,分配不同的数据权限,对于必须接触公民信息的工作人员,要严格登记和管理制度。二是要强化数据安全主体责任。全面实施数据全生命周期安全防护管理制度,规范数据分类分级安全策略,加强对数据安全和个人信息的保护;在政府内部,要大力开展数据安全业务培训、技术防护和应急演练,也要定期开展数据安全督查,完善相关考核、通报机制。三是要打破层级、部门间信息壁垒,避免对个人数据信息的重复采集。各层级、各部门的信息系统如雨后春笋般诞生,但这些系统又各自封闭且孤立,导致数据重复采集、归集的现象越来越普遍。大量隐私信息存储于多个系统中,会大大增加信息安全防护的负担。因此,要理顺政府内部管理与运行机制,明确统一的数据共享标准,整合碎片化的信息系统,不断完善层级间、部门间信息共享的体制机制。在个人数据隐私保护上,浙江省温州市提供了一个数字化集成方案。2019年,"个人数据宝"应用系统正式上线,该系统将区块链技术运用到个人数据保护之中。当相关部门需要调用市民个人数据时,必须经过市民用户授权区块链数据标识号;此外,所有平台数据访问日志都将上链,保证每次数据调用都可溯源且不能篡改。用户可在"调阅记录"中查看本人数据被调阅使用的记录,一旦发现违规调阅情况,即可在线投诉至市大数据局。

第三,不断探索最优的个人信息保护与利用规则。一是要不断完善个人信息保护制度。自党的十八大以来,我国不断探索完善个人信息保护基本原则和重点制度,逐步建立了涵盖行政、刑事、民事等各个领域的个人信息保护法律体系。2021年11月1日,《个人信息保护法》正式施行,标志着中国个人信息保护制度的全面构建。二是要以明确公民数据权为抓手,进一步明确数据权属。信息时代下,每位公民都享有数据权利。2020年7月,深圳市司法局发布《深圳经济特区数据条例(征求意见稿)》(以下简称《条例》),成为国内首个提出个人享有数据权的政府文件。《条例》明确了数据权是权利人依法对特定数据的自主决定、控制、处理、收益、利益损害受偿的权利,并首次在政策层面提出自然人、法人和非法人组织依据法律、法规和条例的规定享有数据权。三是要鼓励多元主体共同参与数据安全治理。既要探索政企合作的数据安全技术路径,协同完成数据安全保障并促进数据高效流通利用的公共任务,也要加强社会主体对于政府数据开放应用的监管,保证政府在数据获取和使用上严格遵守"合法、正当、必要"原则,同时履行数据安全保障义务。

3. 加强对数字失权的法治化保障

"无技术者无权利"和"信息茧房"等数字失权困境,通常是由于不同个体在信息技术资源的获取和应用上存在差异而导致的。信息技术资源是一种市场资源,要在保障其市场价值充分释放的前提下,加强对此类资源分配不平等的矫正——这也是当前法治建设面临的挑战之一。

第一,注重数字化时代下对老年人权益的保护。一是要保障老年人的合法数字权益。2020 年 11 月,国务院办公厅正式印发《关于切实解决老年人运用智能技术困难实施方案的通知》。此后各大城市纷纷启动"适老化改造",尽管侧重点有所不同,但普遍推行了以下两种做法:一方面,保证线上线下相结合的公共服务供给模式常态化运行,为老年人办事提供便捷服务;另一方面,围绕老年人运用智能技术困难等问题,积极开展宣传与培训。例如,从 2017 年开始,浙江省宁波市科协就联合市教育局和当地社会机构、新闻媒体等,开展"智能手机操作技能普及工程",通过组织千人讲师团辅导教学、手把手送教上门等,累计培训老年人超过 25 万人次。二是要保护老年人不受各类新型数字犯罪的侵害。例如,上海市虹口区人民检察院成立了老年人案件办理中心,设立了专门的办案团队。通过召开新闻发布会、在新媒体上发布消息、编印普法宣传册等多种形式公布相关典型案例,尤其是针对老年人的数字化犯罪案例,对老年人群体起到警示作用。

第二,着力减少城乡或区域间的信息鸿沟。一是在农村和欠发达地区,要加大信息公共服务及基础设施建设的投入,在地方财政不足的情况下,中央财政应该予以支持。要加快推动技术下乡,可以通过建立县乡两级数字技能培训站的方式,做好数字技术培训工作和信息化宣传推广。二是要从根本上提高农村和欠发达地区人民的教育水平。不仅要加大义务教育投入力度,实现乡村义务教育学校宽带网络全覆盖,还要在义务教育阶段增设信息技术课程,阻断信息能力匮乏的代际传递。三是要在法律法规层面严格规范信息传播行为,防止由于信息传播行为失范所引发的数字鸿沟负面效应进一步放大。在数字鸿沟持续扩大的客观情况下,某些信息富有者可能会利用信息优势,采取违背法律、突破底线的信息传播方式获取不当利益,对于此类非法行为要予以严惩。

第三,充分发挥政府宏观调控的作用,严防"信息茧房"及其后续的负面影响。在执法监管上,有关部门要加大对新媒体平台的监管力度,加强对此类平台使用技术的监管。不仅要引导平台不断优化算法,规范互联网企业行为及其推送内容,提高网络信息传播质量,还要不定期抽查其使用算法为用户进行推送的运行情况,对滥用算法技术的平台实施相应的惩戒措施。在立法上,要将对算法的规制纳入法律制度中,保障每个个体的信息权益。一方面,对于技术本身而言,要规范算法的审查程序和规则并严格限制算法利用用户信息的底线;另一方面,也可以通过立法来鼓励企业积极承担社会责任,打破僵化的单一推荐模式,通过自主创新打造竞争优势。

(四)长三角数字政府法治协同建议

法治在经济发展过程中起到保驾护航、价值导向的重要作用。长三角区域通过积极推进法治协同,实现治理一体化和区域高质量发展。早在 2004 年,沪苏浙皖等地的司法机关就围绕长三角经济社会发展大局,积极探索检察机关有效参与社会管理的新途径和新方式,并开展了多方位的区域合作。随着长三角区域一体化发展上升为国家战略,执法理念不尽相同、法律政策执行标准不一等问题逐渐成为制约区域合作的瓶颈。为打破该瓶颈,区域内各省市近年来在加强法治领域合作、加强区域立法协同、促进适用法律标准统一、推动区域执法司法协作和区域法律服务合作等方面均有所突破。例如,2018 年 10 月,沪苏浙皖司法厅(局)签署"关于共同推进更高质量平安长三角法治长三角建设的合作协议",共同推进更高质量平安长三角、法治长三角建设;2019 年 5 月,上海市青浦区、浙江省嘉兴市嘉善县、江苏省苏州市吴江区三地法院签署《长三角一体化法院执行协作备忘录》,共同搭建"智慧执行"信息数据资源共享平台;2019 年 5 月 22 日,沪苏浙皖四地法院引入支付宝的蚂蚁区块链技术,成立长三角司法链;2022 年 1 月,上海、江苏、浙江和安徽四省市多部门联合推出《长江三角洲区域文化市场轻微违法行为免罚清单》和《长江三角洲区域气象领域轻微违法行为免罚清单》,明确 21 项轻微违法免罚事项……这些努力无不体现着长三角协同建设法治政府、推进法治一体化的决心与魄力。未来,要加强法治协同以推进长三角区域高质量一体化发展,具体包括进一步深化长三角政法数据共享机制,提升政法决策科学性和统一性;构建长三角司法案例数据库,解决跨区域办案难度大、标准不一等难题;创新长三角智慧法治系统、一体化推进技术在长三角各地执法、司法等环节的深度应用。

1.深化长三角政法数据共享机制

构建区域间政法数据共享互通的业务机制和技术路径,有利于统一规范执法,提高跨区域法治决策的科学性,促进公平公正。

长三角三省一市的法院正协同推进"长三角地区智慧法院信息数据资源共享平台"建设,具体包括:以中国移动微法院为基础,积极推行"一网通办"诉讼服务,为当事人提供网上立案等便利诉讼服务;以诉讼服务指导中心信息平台为统领,确保"一网通管"诉讼机制有效运行。2021 年,浙江省嘉兴市推出"深度智能检索引擎""数字工场",可以与长三角法院共享审判执行核心数据,实现对审执风险的事前预警、事中监控、事后处置。

同时,为深化长三角政法数据共享机制,也亟待构建起区域范围内数据安全法治体系,从根本上保障数据安全,鼓励跨区域的数据共享。《深圳经济特区数据条例》《上海市数据条例》《浙江省公共数据条例》等地方性法规的出台,为当地数据开放与共享奠定了良好的法治基础。然而,长三角区域数据共享还处于法律制度缺失的状态,这会给数据产权界定、数据交易流通和数据安全保护带来不利的影响。

2. 构建长三角司法案例数据库

司法与执法标准的双统一已成为推进国家治理体系和治理能力现代化、加强司法公正和公信力的必由之路。随着长三角一体化战略不断深入推进,完善统一法律适用标准工作机制成为促进区域高质量发展的重要抓手。在司法领域,案例是体现司法裁判精髓的重要载体,因此构建长三角司法案例数据库,既可以发挥统一区域执法办案标准的特有作用,有助于跨域审判增质提效,又可以更好地服务于长三角经济发展大局,加强区域内经济社会协同治理,使人民群众切实感受到公平正义。

在长三角区域推动司法与执法标准双统一的过程中,要切实解决各地立案标准不一致、跨区域案件难管辖等问题。为切实推进长三角地区法律适用统一,2019 年,沪苏浙皖四地高级人民法院联合发布《关于长三角地区人民法院联合发布典型案例推进法律适用统一的实施办法》,重点从建立长三角地区法院典型案例定期征集汇总机制、案例评选机制、案例适用机制和案例宣传机制等方面提出办法举措。典型案例信息数据库的建立有助于充分发挥典型案例对类似案件审理的参考借鉴意义。基于此,长三角三省一市于2020年联合发布首批长三角法院典型案例24个,统一区域法律适用。

如今,统一司法案例数据库的构建还处于起步阶段,未来可以从以下几方面加强建设:一是要不断强化各省市之间的定期交流、互相通报机制,加强案例资源和信息互联共享,进一步推动长三角区域内形成统一标准,最大限度做到同案同判、同罪同罚。二是要着力扩大案例指导涵盖的领域,可以通过引导下级法院开展指导性案例备选工作,由下级法院对案例进行广泛收集、仔细整理、认真筛选,最终上报形成指导性案例,为各级检察机关提供借鉴。三是要注重对法治宣传案例素材的收集与总结,重点围绕人民群众关注的热点难点问题选好案例,不断满足人民群众的新需求。四是要协同推进案例研讨与指导,加强案例研究成果交流转化,各地更要加强对新类型案件的共同研究和经验共享,协同推进此类型案件的办理与处理。

3.创新长三角智慧法治系统

在法治一体化建设方面,长三角区域内已零星开展了多个小范围的区域合作。在环境执法监管领域,浙江省嘉兴市秀洲区与江苏省苏州市吴江区推出联合执法巡查行动和联席会商会议等五大举措,开展跨区域联合治水;安徽省广德县、郎溪县和江苏省溧阳市三地也积极探索生态环境联合共治。在金融纠纷调解上,2019 年 5 月,中国人民银行上海总部会同南京、杭州、合肥等地分支机构形成《长三角地区金融消费纠纷非诉解决机制合作备忘录》,旨在对涉金融消费纠纷开展在线音视频调解。在劳动人事争议调解方面,2020 年 7 月,上海市浦东新区、江苏无锡、浙江湖州、安徽宣城组建"调解仲裁城际合作共同体联合办公室",主要化解涉长三角地区的人事劳动争议。由此可见,长三角各地对于法治领域的协同合作已有所探索,但涉及领域较少,尚未形成体系,也缺乏一体化、科学化的技术支撑。

未来应构建起涵盖执法、司法、社会矛盾纠纷化解等多个领域的智慧法治系统,这有助于政法数据库共建共享和案件信息状态的实时更新,并对长三角在执法、司法、矛盾调解等各领域实现法治协同具有重要意义。具体来说,一是构建智慧化的政法一体化办案体系,深入推进司法权运行数字化转型,推广数字卷宗单轨制协同办案模式,提升检察监督大数据应用力度,加强智慧监狱和智慧矫正建设。二是完善智慧化的综合行政执法体系,围绕执法信息化流转、联动式协同、智慧化分析,推广全域统一的行政处罚办案系统,实现执法监管数据的自动归集分析、行政执法案卷在线评查以及行政执法和刑事司法的智能衔接。三是逐步形成一体化的社会矛盾纠纷调处化解体系，实现矛盾纠纷全面掌握、调解资源全面整合、调处机制更加完善、矛盾风险闭环处理，着力提升长三角人民的幸福感与获得感。

数字技术的蓬勃发展赋予了法治政府建设新的机遇。数字基础设施的泛在化为智慧法治提供了强大的数据支撑，各类新兴治理技术的广泛应用则让依法决策机制更完善、结果更科学，数字化浪潮下公民参与意愿和能力的大幅提升也有助于构建多元共治的社会治理格局。然而，我们也必须认识到，数字化是一把双刃剑，新兴技术的高度不确定性、政府公权力的数字化延伸和公民失权的数字化拓展等都是新时期法治政府建设面临的挑战。因此，要不断加强对新兴技术发展与应用的法律规制，要运用法治手段限制公权力的无序扩张、保障其在合法合理的范围内运行，同时要加强对"数字弱势群体"的关注，谨防"信息茧房""数字鸿沟"等一系列不良后果。在长三角一体化战略下，如何更好地运用数字技术推动长三角法治协同成为区域高质量发展的重要命题。从已有的实践出发，未来可以加快深化长三角政法数据共享机制、构建长三角司法案例数据库、创新长三角智慧法治系统，以法治一体化促区域一体化。

三、数字经济反垄断

（一）数字经济垄断及其特征

近年来，随着数字经济的飞速发展，基于数字技术的平台经济在数字经济中占据了重要位置。数字经济垄断主要由一些大型的平台企业实施。数字经济领域中的反垄断主要是指监管平台企业排除市场竞争的行为。平台反垄断是数字经济反垄断重点、热点、难点。有鉴于此，本章将主要聚焦平台反垄断问题，在分析平台垄断行为及其特征的基础上，提出加强平台反垄断的相关法治化建议。

1.数字经济垄断问题缘起

（1）数字平台企业与平台经济的崛起

互联网信息技术、计算机操作系统与移动智能手机的发展及广泛普及，强有力地提高了数字平台崛起的速度，使得平台经济进入高速发展时期。平台经济由数字平台、数字平台企业、数字平台生态系统所构成。数字平台企业是平台经济的核心构成，其主要的经营优势是利用通过互联网技术向多数使用者提供服务的无形多边市场和交易场所，协调双边用户需求、降低交易成本并提升交易效率，使网络外部效应得以扩张。技术进步与商业模式创新使得数字平台企业异军突起,并高度集中在中美两国。全球市值前 10 的企业大部分为数字平台企业,例如 Amazon、Apple、Google、Facebook、腾讯和阿里巴巴等。

我国数字经济发展全球领先,根据中国信息通信研究院的报告,中国以数字平台为代表的数字产业化规模达到 7.5 万亿元,占数字经济的 19.1%,占 GDP 的 7.3%。数字平台依托国内大市场和丰富的应用场景获得飞速发展。近年来,我国在互联网、大数据、云计算和人工智能等方面的技术获得较大提升,在电子服务、社交媒体、短视频娱乐和云服务等数字领域发展较为迅速,完成了从落后到领先的迅速发展,催生了一批创新能力强、成长势头猛、市场规模惊人的数字平台企业。我国市场价值超过 10 亿美元的数字平台企业达到 193 家,市场价值总额达到 2.35 万亿美元。其中,本地生活、数字媒体、物流、医疗健康、金融科技、电子商务和在线教育七类行业的平台数量增加较多。数字平台企业正迅速地改变着社会经济的方方面面,既产生了很大的积极影响,也造成了一定的负面影响。

(2)数字平台企业的垄断权力来源

双边市场是数字平台最突出的特征之一,也是企业垄断权力的来源。数字平台为双方用户提供交易平台,而双方用户对平台提供的产品和服务具有相互依赖性和互补性。数字经济有着强烈的网络效应,平台企业具有"赢者通吃或多吃"的天然垄断性。因此,数字平台企业的权力还来源于网络效应。网络效应是指在数字平台市场中,一旦获得更多的用户,便能为每一个用户创造更多的价值。网络效应具有正反馈机制,使得强者更强。双边市场叠加网络效应使得数字平台具有网络外部性的交叉效应。在电商平台市场中,平台的一方是消费者,另外一方是商家。在正网络外部性的影响下,平台的越多,其所能吸引的商家也会越多,平台的收益也会越多。在锁定效应的作用下,高昂的转换成本会阻碍用户使用其他平台服务,进而将用户"锁定"在原来的平台上。锁定效应能够进一步强化网络效应形成的正反馈机制和自我增强效果,因此在平台市场上形成"强者越强,弱者越弱"的马太效应,从而巩固平台的市场地位,获得实施垄断的市场力量。

(3)数字平台企业的反垄断争议

近年来,欧美国家对超级平台经营企业的垄断与不正当竞争调查力度加大,惩罚加重。我国政府也积极引导和规范平台经济发展,坚持"包容审慎"监管理念,不断创新监管方式。2021年2月,我国出台了全球首份《关于平台经济领域的反垄断指南》。2021年11月,国家反垄断局成立,标志着我国平台经济反垄断监管体系越发完善。与此同时,国家市场监督管理总局也加大了对国内超级平台经营企业垄断和不正当竞争行为的调查,并作出相应处罚。

数字平台垄断具有较大危害性,主要集中在抑制技术创新、扰乱公平竞争秩序和损害消费者的合法权益等方面。数字平台企业的垄断行为会对整个数字经济和互联网行业的创新能力和创新环境造成消极影响。处于数字平台市场优势地位的企业滥用市场支配地位,采取低价手段排挤新进入者,降低中小数字平台的技术创新意愿,这是因为技术创新冲不破垄断企业雄厚的资本阻碍。这也会导致不良的创新文化。中小数字平台创新不是为了与在位者争夺市场,而是在等待大型平台企业收购。先进入市场的大型数字平台为了进一步巩固已取得的优势地位,会依靠自身雄厚的资本采取掠夺性定价或者低价手段对技术更优的中小平台进行挤压,违背公平竞争,同时也会对平台内部经营商家的公平竞争秩序造成破坏。上述两种危害最终会损害消费者的合法权益。数字平台滥用市场支配地位实施垄断竞争后,使得消费者无法选择技术先进、性能更好、费用低廉的平台产品,失去选择多样化、有质量保证的平台产品的机会,最终消费者的福利减损。

2. 数字平台垄断的行为

(1) 价格歧视

价格歧视是一类传统且常见的经济现象,在传统垄断中已有表现,但数字平台因其自身的特殊性使得价格歧视行为的类型趋于多样化。数字平台依据强大的用户和数据基础,根据大数据分析的结果对不同企业或消费者实施不同的价格策略，看人给价，进行杀熟。

数字平台的价格歧视通过动态定价和个性化定价来实现。不同于传统商业时代依据季节、地域和时段等进行动态定价，数字平台利用其大数据技术基于供需变化作出价格调整，其动态定价则显得更加便捷和快速；传统价格歧视在个性化定价方面更依赖消费者有限的自发信息公开，只能粗略识别消费者特征和行为。个性化定价是数字平台依据消费者购买能力与记录、浏览信息等个体用户特质对消费者精准画像，并通过数据挖掘获取其支付意愿，实施一种个性化的价格歧视。该类个性化定价行为不同于基于供需变化而实施的动态定价，它是基于企业或消费者的消费特点来决定实施的。同时，数字平台会对消费者群体进行分类，也兼具了三级价格歧视的特点。

（2）企业并购

数字经济时代，企业并购在传统逻辑基础上产生新内容。随着移动互联网快速发展的流量红利越发见顶，平台经济的马太效应渐显，行业龙头呈"垄断"趋势，新创企业和中小企业的上升空间逐渐被挤压。小型数字平台企业缺乏发展成长的生存空间，容易被大型平台企业通过资金、数据垄断等方式排挤，导致市场运行的自由竞争环境遭到破坏。与传统企业不同，平台企业在商业应用模式、盈利模式、服务方式等方面的差异使得其横向并购能够获得更多市场势力。数字平台通过并购拓宽平台业务范围，建立以覆盖数字平台为主的生态体系，并显著提升自身的盈利能力，例如阿里巴巴对高德地图、饿了么等实施的并购行为。同时，网络外部性的交叉效应使得数字平台能够开展横向并购，获取更多的用户或提升交易规模，并以此作为发展动力，在短时间获得其他数字企业的人才、技术、数据等关键要素，从而提升市场竞争力，例如滴滴收购Uber。除此之外，数字平台企业通过并购排斥市场竞争。由于数字创新具有破坏性，会冲击和威胁现有产品、服务和技术等，在位数字平台会对新生企业进行横向并购以消除竞争。

(3)竞价排名

竞价排名是指商家或者服务购买者向数字平台支付费用，以获取在平台上更有利的展示位置达到交易的完成。竞价排名不仅存在于搜索引擎数字平台，也存在电商平台中。对于数字平台而言，竞价排名成为一项能为平台创造收益的盈利模式，而对于商家或者服务购买者而言是一种重要的广告营销形式。区别于消费者被动接受的传统广告，竞价排名作用于消费者的主动搜索过程，直接影响消费者判断。同时，关于平台内搜索排名的标准如何确定，平台的规则严重缺乏透明度。实际上在很多情况下，平台内的商家和消费者并不知道其商品和服务是如何被显示或排列的。竞价排名一定程度上提升了消费者需求与产品企业的匹配度，降低了消费者信息搜集的成本,平台企业也能从中获利,因而能形成交易效率提升的"三赢"局面,但同时也是假货泛滥、商家违法虚假广告等问题的主要温床,导致产品市场出现"劣币驱逐良币"现象。数字平台为了其竞价收益,采取"价高者得"的非中立运营模式,会导致需求与供给间的错配,而未赢得竞价排名的高质量产品企业则因市场曝光度小,市场份额低,导致经营困难,在竞争中被淘汰。

(4)渠道与数据限制

随着数字经济的发展,各大数字平台之间开始产生渠道限制、"二选一"等排他性交易,这主要指的是数字平台利用市场优势地位通过合同等方式,限定交易相对人只能与其进行交易或者只能与其指定的经营者进行交易。对于数字平台而言,排他性交易可以降低自身的谈判成本,获得更好的交易资源,会给竞争对手带来打击,增加对交易对象的限制从而让其选择空间变得更小,削弱其他电商平台的竞争力。对于经营主体而言,"二选一"在某种程度上限制了商家提供商品和服务的渠道,这会引起客户资源的流失,从而影响销售。对消费者而言,渠道限制减少的副作用是成本将以更高价格转嫁到消费者身上。

同时,为固定目标消费者群体,与同行开展竞争,数字企业常会限制数据信息的接入与共享。数字平台一方面通过增加消费者在本企业软件传输竞争对手数据信息的不便程度,提高消费者选择成本与替代难度;另一方面从限定消费者选定商品后的支付方式、限制消费者分享竞争对手商品网络链接、对涉及竞争对手的信息进行部分展示,从而限定消费者获得信息或购物的渠道。大型数字平台企业在数据方面优势明显且兼具一定基础设施属性,消费者并不能找到替代品,从而助长了企业垄断势力的形成,不利于良好市场竞争秩序的建立。这种数据信息上的限制,也会损害消费者对信息渠道的议价权、选择权和知情权。

(5)掠夺性定价

在动态竞争中,在位的数字平台企业为了巩固自身的优势地位,可能采取更低价格来吸引需求价格弹性较小的一方,以排挤竞争对手和新进入的企业。由于正交叉网络外部性的存在,用户规模随之变大,进而加强用户锁定或者冒尖效应,进一步巩固优势地位,这样的低价格具有反竞争效果。而数字平台采取掠夺性定价的终极目的是长期占据市场优势地位,取得高额利润,因此必然会后期提价。例如2014年中国存在三大网约车平台——滴滴、快的和Uber,它们为争夺市场份额进行激烈竞争。滴滴获得巨额融资,同时对消费者和司机进行补贴。最终,快的和Uber因资本市场压力被滴滴收购,而获得市场优势地位的滴滴在后期逐渐取消各种补贴且增加司机佣金。掠夺性定价不仅对传统出租车行业市场秩序造成冲击,也扰乱了网约车平台市场,最终导致消费者的福利和司机的收益锐减。

3. 数字平台垄断的特征

数字经济时代,数字技术创造并改进垄断工具,相对于传统工具效率更高。当前对数字平台的反垄断监管也要深入了解数字垄断工具的如下特征。

(1)垄断工具的高精准性

数字技术除了提升生产与分配效率外,也催生出许多新的商业模式,而新的垄断工具也存在高精准性。"大数据杀熟"就是数字平台利用大数据技术、云计算和人工智能进行计算从而实现价格歧视。数字技术在信息搜集与处理方面的高精准性使得数字平台能够对不同的消费者进行差异化定价。数字平台垄断工具的高效性主要体现在实施过程的便捷性,例如通过数据挖掘与数据分析构建平台生态以及利用掠夺性定价获得市场支配地位,快速吸收用户和流量,实现经营规模的扩张,使得能够更加便捷地实现其商业目的。

(2)垄断行为的高隐蔽性

数字平台垄断行为的隐蔽性较强。一方面,数字企业在信息掌握方面优势巨大,消费者在大数据算法前常面临陷入"信息茧房"的困境,尤其是对数字业务产生较强依赖性之后。如"大数据杀熟"虽多发,但不进行仔细比较或即刻与其他消费者交换信息,一般消费者较难在遭遇之初便有所察觉。另一方面,垄断工具的隐蔽性同样针对反垄断规制部门。以并购为例,数字经济中新的企业并购行为相较于传统并购更难被监管机构察觉,同时部分企业并购在传统标准下未达到申报门槛,成为规制漏洞。类似还有垄断工具的多种实现途径,这些都从审查角度增加了企业使用垄断工具的隐蔽性,成为数字经济规制工作的难点。

(3)策略应用的高度组合性

数字经济时代,企业可通过组合使用数字垄断工具不断扩张企业规模。随着数字企业发展壮大,业务范围越来越广,为提高市场占有率,单一运营手段可能不足以帮助企业快速抢占市场份额。如企业可将"大数据杀熟"与掠夺性定价策略相结合,通过补贴新用户来扩大规模,通过对老用户收取歧视性高价来维持利润,以此达到全面争夺市场份额与流量的目的,这便对应着数字经济时代企业策略应用的高度组合性。

归根到底,数字垄断工具的高效性与隐蔽性优化了垄断行为的策略组合。在暂无明确的数字经济法规约束时,企业联合使用这些垄断工具的违规成本较低,其不仅能优化经营,还能收获工具组合带来的协同效应。这不仅能够丰富与扩大垄断工具的市场效果、对冲运营风险,还可提高企业成功规避反垄断法规的概率。与此同时,这增加了数字经济规制工作的难度,可能导致反垄断部门在审查甄别等工作中顾此失彼。

(二)数字经济反垄断的实践与挑战

1. 中国数字平台反垄断的政策思路

我国对数字平台企业的反垄断方面的监管和立法相对较晚,国家对平台经济反垄断的监管政策正趋于严格。从 2019 年起,我国开始加大对大型数字平台企业的审查力度。2019 年 11 月,国家市场监管总局召集阿里巴巴、京东、美团、拼多多、唯品会等 20 多家数字平台企业,就"二选一"和"独家经营"等垄断行为召开行政指导座谈会。2020 年,由于没有依法进行集中申报,国家市场监管总局对三家知名度和体量较大的数字平台企业瑞文集团、丰巢网、阿里巴巴做出行政处罚,并在同年公布的《反垄断法》修订草案中新增了平台经济反垄断的多项条款。在 2020 年 10 月施行的《在线旅游经营服务管理暂行规定》中明确了对该行业"大数据杀熟"行为的禁止态度。

2021 年 2 月 7 日,国务院反垄断委员会制定发布《国务院反垄断委员会关于平台经济领域的反垄断指南》,充分借鉴了世界范围内数字平台反垄断的成熟经验和有益做法,对现有配套法律法规在平台经济领域的适用问题进行了较为细化的规定,明确了平台利用数据、算法、平台规则实施协同行为和达成垄断协议的案件分析思路。这标志着平台垄断政策从野蛮无序进入规范健康发展的阶段，也意味着中国平台经济反垄断政策进入新时期（见表3-1）。

表3-1　中国平台反垄断主要事项

时间	事项
2019 年 8 月	国务院办公厅发布《关于促进平台经济规范健康发展的指导意见》
2020 年 1 月	市场监管总局起草了《〈反垄断法〉修订草案（公开征求意见稿）》
2020 年 3 月	中共中央、国务院发布《关于构建更加完善的要素市场化配置体制机制的意见》
2020 年 9 月	国务院反垄断委员会发布《经营者反垄断合规指南》
2020 年 9 月	市场监管总局发布《企业境外反垄断合规指南（征求意见稿）》
2020 年 11 月	银保监会和人民银行发布《网络小额贷款业务管理暂行办法（征求意见稿）》
2020 年 11 月	市场监管总局发布《关于平台经济领域的反垄断指南（征求意见稿）》
2020 年 12 月	中央政治局会议首次提出，强化反垄断和防止资本无序扩张
2020 年 12 月	中央经济工作会议指出，强化反垄断和防止资本无序扩张
2021 年 2 月	国务院反垄断委员会制定发布《关于平台经济领域的反垄断指南》
2021 年 4 月	市场监管总局依法对阿里巴巴集团实施"二选一"垄断行为处以 182.28 亿元罚款
2021 年 9 月	《数据安全法》和《关键信息基础设施安全保护条例》正式实施
2021 年 10 月	市场监管总局依法对美团滥用在中国境内网络餐饮外卖平台服务市场的支配地位，保障"二选一"行为处以 34.42 亿元
2021 年 11 月	《个人信息保护法》正式实施
2021 年 11 月	国家反垄断局正式挂牌

2. 长三角数字经济反垄断实践

数字经济是推动长三角发展质量变革、效率变革、动力变革的内在要求,是长三角高质量一体化发展的重要着力点。长三角抢抓数字经济变革时间窗口,成为全国数字经济发展新高地,拥有阿里巴巴、拼多多、携程集团、米哈游、得物、T3出行等数字平台。

长三角三省一市均在省级经济工作会议上指出要推动反垄断和反不正当竞争,加强对平台企业垄断的规制,维护公平竞争市场秩序,依法维护消费者合法权益,防止资本无序扩张。浙江省出台《浙江省数字经济促进条例》明确要重视数字竞争政策与数字产业政策的有机组合和相互协调,确保数字产业政策面向市场主体的普惠性。上海市市场监督管理局出台的《关于发展壮大市场主体的若干措施》提出,要治理数字化拓展应用场景和包容审慎的市场竞争监管规则;制定实施《上海市经营者反垄断合规指引》《上海市网络交易平台网络营销活动算法应用指引(试行)》,进一步加强反垄断和反不正当竞争执法,进一步优化市场竞争环境。

案例:阿里巴巴反垄断处罚案件

阿里巴巴"二选一"始于2019年的年中"618"前夕,格兰仕发现自从阿里巴巴与拼多多高层互访商讨未来合作之后,它在天猫旗舰店的销量突然大跌,原因是搜索结果异常,格兰仕的店铺被排到很靠后的位置。买家基本不会翻到那么后面的地方去看,等同是搜不到,于是导致该品牌销量暴跌。"618"活动只有几天的时间,商家也难有直接证据证明平台暗箱操作,于是选择在媒体上曝光此事。同年"双11",诸多商家也遇到了类似情况,有商家匿名向媒体抱怨阿里巴巴暗示他们必须进行"二选一",要么去拼多多,要么留在淘宝天猫,不能在两个平台同时开店。由于通知来得很突然,商家来不及调整销售策略,因此大多选择了无视,结果就是这些商家同样遇到了搜索结果异常的情况。凡是两边同时开店的,在淘宝天猫上都搜不到,因而销量大跌。阿里巴巴通过影响搜索结果排序的方式,使那些在拼多多开店的商家,在淘宝天猫上无法得到引流,迫使商家在淘宝天猫和拼多多之间"二选一"。

2020年12月24日,国家市场监督管理总局对阿里巴巴进行反垄断立案调查。2021年4月10日,阿里巴巴因违反《反垄断法》,市场监管总局依法对其作出行政处罚决定,责令阿里巴巴停止违法行为,并处以基于2019年中国境内销售额4557.12亿元4%的罚款,计182.28亿元。除罚款外,还要求其全面整改,并连续三年提交自查合规报告。经查,自2015年以来,阿里巴巴滥用市场支配地位,对平台内商家提出"二选一"要求,禁止平台内商家在其他竞争性平台开店或参加促销活动,并借助市场力量、平台规则和数据、算法等技术手段,采取多种奖惩措施保障"二选一"要求执行,维持、增强自身市场力量,获取不正当竞争优势。

3. 欧美国家数字经济反垄断经验

各国政府对于大型互联网企业和数字平台的反垄断监管已经有几十年历史了。20世纪末,美国司法部就微软公司的视窗操作系统非法捆绑销售案进行调查。2010年美国和欧盟开始先后对Google和安卓操作系统平台发起反垄断调查。Facebook、Uber、Amazon都曾经接受过不同程度的反垄断调查。

(1)美国反垄断借鉴

美国的反垄断立法较早,分别在1890年、1914年颁布了《谢尔曼反托拉斯法》《克莱顿法》和《联邦贸易委员会法》,并在1969年开始调查IBM和微软的垄断行为。

2020年,美国众议院司法委员会公布了一份长达449页的反垄断报告——《数字化市场竞争调查报告》,指控Facebook、Google、Amazon、Apple四大互联网平台企业收购或挤压规模较小的公司。该报告认为,这些处于相关市场主导地位的大型互联网平台企业利用其"看门人"的地位设定平台条款,获取不合理利益,损害了市场竞争和创新,并建议美国国会对反垄断法进行全面改革,禁止科技公司拥有不同的业务类别,以适应互联网时代平台经济的发展变化。其中,Google在在线搜索和在线广告市场上具有垄断地位,在此基础上也已经将其市场优势延伸至其他业务领域。Google通过反竞争行为巩固、扩大其市场支配地位,包括搭售、自我优待等。Amazon 在美国电子商务市场拥有强大而持久的市场势力。Amazon 对其电子商务、网络服务等众多业务的控制和参与,使其能够以破坏商业自由和公平竞争的方式实现自我优待,同时置市场竞争对手于相对不利的境地。Facebook 在社交网络市场具有垄断势力,且难以受到新进入者或现有竞争者的竞争威胁,其主要通过扼杀式收购来维持、扩大既有市场竞争优势,同时会根据市场参与者是否构成其市场竞争威胁而选择性执行其平台政策,以削弱潜在竞争威胁并增加、扩大自有产品竞争优势。Apple 在移动操作系统市场长时间占据较大市场份额,依靠其市场支配地位控制 iOS 移动操作系统,由此确保其能够在移动应用商店市场获得垄断地位,从而控制美国超 1 亿部 iPhone 和 iPad 的移动应用分销渠道。

美国众议院司法委员会在 2021 年 6 月出台 5 个针对数字平台反垄断的法律草案,即《美国选择和创新在线法案》《终止平台垄断法案》《通过启用服务交换增强兼容性和竞争性法案》《平台竞争和机会法案》以及《并购申请费的现代化法案》。其中,《美国选择和创新在线法案》主要针对主导平台借助自身平台来为其自营业务创造优势,对自营业务竞争对手进行排挤、打压,或者歧视的行为。《终止平台垄断法案》提到主导平台的运营者在拥有或控制某个主导平台时,会会被将经营与之有利益冲突的业务视为非法行为。《通过启用服务交换增强兼容性和竞争性法案》要求主导平台运营者需要保证平台上数据的可迁移性,即平台提供透明的、可供第三方使用的界面来保证用户可以安全地将其数据转移到其他平台上。《平台竞争和机会法案》主要内容是如果主导平台要对某个企业进行收购，那么它必须承担举证责任，证明这次并购是合理的。如果主导平台不能证明并购的合理性，那么它就无法将并购进行下去。《并购申请费的现代化法案》是一个配套法案，即价值超过10亿美元的并购案向美国联邦贸易委员会（FTC）和美国司法部（DOJ）反垄断司申请审议的费用将会提高；而价值不足50万美元的并购的备案申请费则会降低。

（2）欧盟反垄断借鉴

欧盟十分关注数字平台垄断问题。欧盟委员会对数字平台企业的反垄断调查最频繁、最严厉。欧盟没有互联网平台反垄断的独立法律，而是分散体现在《欧洲联盟条约》《欧盟小企业法案》《通用数据保护条例》《非个人数据在欧盟境内自表由流动框架条例》等法律的具体条款中。这些法律应用于反垄断上，体现了欧盟保护中小企业平等竞争、普通消费者福利以及公民数据权利和隐私权等的目标。

2019年3月，欧委会判定Google滥用在线搜索广告中介市场支配地位，与第三方网站签订限制性条款，阻止竞争对手发布搜索广告，对其处以14.9亿欧元罚款。同年，法国竞争管理局对Google处以1.5亿欧元罚款，对数字平台执行中的不公平行为进行查处。2019年4月，欧委会对Steam公司进行反垄断调查。欧委会认为 Steam 与五大游戏经销商联合进行游戏锁区,限制消费者跨区购买廉价游戏,涉嫌纵向协议。2019 年 5 月,欧委会对 Apple 公司进行反垄断调查,发现其滥用 APP Store 偏袒自营服务 Apple Music,对其他应用支付收取服务费,涉嫌平台双重角色与公平竞争问题,以及滥用其在线支付市场支配地位拒绝交易或者限定交易问题。2019 年 7 月,Amazon 就涉嫌利用组织市场和数据收集游戏优待自营问题受到反垄断调查。2020 年 3 月,法国竞争管理局针对 Apple 对独立经销商构成的不正当竞争行为处以 11 亿欧元罚款。

2020 年 12 月 15 日,欧盟委员会出台了《数字服务法》和《数字市场法》两部草案,意在打破互联网企业垄断,推动欧洲数字经济健康可持续发展。《数字服务法》界定数字服务的范畴,从内容、商品和服务等维度明确在线平台的责任和义务,构建用户基本权利的保护机制。该法案意在平等保护欧盟所有用户,使用户免受非法商品、内容或服务的侵害。《数字市场法》界定"守门人"概念和义务,强调要加强"守门人"的规制与监管,防止科技巨头差异化对待企业和消费者,造成不公平竞争。2021 年 1 月,德国联邦议会正式通过了《反对限制竞争法》第十修正案,这是全球主要国家中首部针对数字化挑战进行全面修订的反垄断法。该法案引入"中介势力"概念,关注平台的跨市场影响力,注重防范平台将市场优势跨界传导到新领域。此外该法案在高度重视数据问题、强化对平台规则的监管、拓展相对市场势力范畴、改革并购审查制度、扩大事前监管权力等方面均进行了细致的规定。

（三）长三角数字经济反垄断建议

1. 反垄断规则创新

（1）保护企业竞争并保障消费者福利

第一，政府积极推进互联网平台领域反垄断立法。竞争政策的作用是抑制市场内出现完全垄断现象，防止市场领导者利用其市场优势通过收购或者反竞争策略将竞争对手排挤出市场，破坏公平竞争；保障垄断企业的潜在竞争对手具有合法的生存空间和公平的竞争机会；对垄断企业不公平竞争行为建立惩罚机制，对利益相关方的举报行为予以积极回应，注重对不公平竞争行为的执法。第二，对平台的收购行为进行监管。加强对数字平台的并购监管，要对能否扩大消费者福利进行测试，并对数据驱动的并购进行公共利益测试。因此，要改变并购的门槛，对平台并购初创企业进行反垄断调查。第三，政府可以通过资金和政策扶持初创企业，使其在市场开拓期有足够的资金对抗大型平台带来的压力。培育更多新型创新企业，在智能服务细分领域寻找新的突破口，形成新的市场竞争力量,进而化解平台垄断企业的垄断地位。2020年3月,江苏省推出《关于促进平台经济规范健康发展的实施意见》,出台了20条实施意见,提到要合理设置行业准入规定和许可,推进市场主体登记注册便利化,培育一批重点平台企业,构建电子商务发展综合服务体系,清晰界定平台企业责任边界。

(2)保护市场各主体信息安全

第一,保护平台对消费者在不同类型业务中所形成的数据的安全。平台应合理区分公共数据和私人数据。公共数据的有效利用,能便捷社会管理,比如疫情期间行程码大数据的利用。而私人数据,如消费记录、浏览数据等则需要有相应的保护制度,避免平台企业的滥用。针对不同业务所形成的数据,要建立"防火墙",不能混用和共用,以避免集中管理带来的潜在风险。第二,从法律上确定数据的所有权和使用权。确保互联网平台在使用数据时,数据生产者对数据后续的使用具有知情权,并且不能再用于其他途径的分析和采集,更不能用于价格歧视的算法模型。要对数据的使用范围进行严格限定,避免数字平台对数据过度挖掘和使用。第三,针对平台拒绝向竞争对手开放数据的行为,要求平台在公平共享开放的大背景下建立数据开放共享制度,为初创企业打造更好的创业环境。2021年11月,上海市市场监管局出台《上海市网络交易平台网络营销活动算法应用指引(试行)》,为数字平台经营划出合规底线,明确平台经营者不得利用算法实施不正当价格行为。平台经营者在应用算法与消费者进行交易时,不得实施虚构原价、虚假优惠折价等不正当价格行为,不得向消费者收取未予以标明的费用,不得利用算法对消费者实施不合理的差别待遇。平台经营者在利用消费者个人信息开展网络营销活动算法应用时,应当按照《个人信息保护法》的规定,保证算法应用结果的公平、公正,不得对消费者在交易价格、交易机会等交易条件上实行不合理的差别对待。

(3)修订完善数字平台反垄断细则

数字平台反垄断适用反垄断的一般规则,但又需要特别界定一些由数字技术和商业模式产生的独特现象和行为。为增强反垄断的针对性、精准性和确定性,要修订、完善数字平台反垄断细则。不仅要求将数字平台领域的反垄断规则具体化,还要结合数字平台的特点进行针对性创新,使其在涉及法律标准和行为认定的方向、思路和判断因素上具有具体性与裁量性。同时,随着数字平台反垄断问题的深化,反垄断细则也需要循序渐进、与时俱进。我国的反垄断细则需要从我国数字平台发展的实际出发,汲取国内外实践经验,不能贪大、求全、盲进,无需刻意追求引领国际潮流。2021年8月,浙江省市场监督管理局依据《中华人民共和国反垄断法》《中华人民共和国反不正当竞争法》等法律法规规定,结合竞争执法实践,发布了全国首个平台企业竞争合规指引——《浙江省平台企业竞争合规指引》。该指引从平台经济监管实践中发现的平台企业竞争合规意识薄弱、竞争合规文化缺位、竞争合规机制不健全等突出问题出发,有针对性地从竞争合规承诺与合规管理、竞争合规风险识别、竞争合规机制运行、竞争合规文化建设等多个方面明确平台企业竞争合规工作中的基本要求。

2. 监管模式与技术转型

(1)实现事前事后相结合监管

提高各级政府监管能力和水平。一是政府应优化监管框架,实现事前—事中—事后全链条监管。将以前注重事前审批的监管方式转变为全流程监管,革新反垄断分析工具与执法思路。要及时了解新兴经济理论,强化经济分析。在垄断地位认定、垄断行为取证、垄断规制工具等重点问题上探索新的分析方法与实现方式。同时结合数字平台竞争带来的新型挑战,不断创新执法思路。重视行为影响和效果评估,多采取"合理原则",不作"有罪推定"。二是优先处理、精准施策,关注潜在危害大的行为,通过行政调查和处罚增强反垄断法的威慑力。根据经营领域将数字平台企业进行分类,差别化监管不同类型的数字平台企业,精准施策。2021年浙江省出台"浙江公平在线",将平台经济监管从事后提升到事中和事前,便于随时监测平台日常经营过程中可能存在的法律风险。

(2)精细化监管与差别监管

精细化监管在于数字平台数据监管,完善数据权益归属和数据流通机制,防止平台企业因掌握数据优势而不断加强垄断地位。建立数据共享机制,防止平台垄断数据获取途径,阻碍市场公平竞争。同时优化数据保护,尤其是对消费者个人信息的保护,对泄露信息等行为加强监管。政府对不同行业、不同规模的数字平台进行差别化监管,在鼓励数字平台创新的同时也可以做到事前监管。

(3)完善数字经济时代的公平竞争审查制度

公平竞争审查制度是各级政府进行事前反垄断的利器,尤其是对地方政府而言,反垄断规制具体工作需地方政府亲力亲为,其根据公平竞争审查制度做工作十分必要,这既能为数字平台企业维护公平竞争的营商环境,又能促进政企间建立良好关系。为此,需完善数字经济时代公平竞争审查制度,为地方政府反垄断审查工作提供合理指导。

(4)提高执法队伍的技术水平

反垄断执法技术性强、专业程度高,对执法队伍的专业素质和执法能力要求很高。执法人员既要懂法律,还要懂经济,尤其是新经济。这就要求对标美欧等司法辖区的执法机构,大力加强基础理论、执法技术、国际谈判等多方面能力的建设,按照既熟悉宏观经济又了解产业发展、既掌握国内市场情况又洞察国际发展趋势、既通晓法律规则又精通国际经贸的复合型人才培养标准来打造反垄断执法队伍。例如,上海市市场监管局组织系统反垄断执法人才库成员、反垄断条线执法干部,开展了2020年度"竞课堂"反垄断执法人员专场培训。

3. 政府他律与平台自律的监管协同

(1)优化完善市场准入条件

政府要逐步消除数字平台的行业准入限制,加大数字产业的激励力度,不断激发数字经济创新活力,发挥数据等要素在资源配置中的积极作用。加强政府部门与互联网平台数据共享,构建政企数据互联互通机制。推动数字经济快速发展和产业结构不断优化,支持创新型、成长型平台企业以多种途径上市融资,稳步扩大企业债、公司债、短期融资券、中期票据和中小企业私募债券发行,实现经济的高质量发展。

(2)提升数字平台企业的社会责任感

政府应该完善企业社会责任法律和规章制度,及时弥补空白和漏洞。例如外卖平台,政府应加快出台相关法律来维护外卖骑手的合法权益,进一步完善平台企业垄断认定方面的法律法规,维护市场公平竞争,确保整个行业的健康发展。2021 年 12 月 1 日,浙江省人力资源和社会保障厅等八部门联合印发的《浙江省维护新就业形态劳动者劳动保障权益实施办法》正式施行,要求平台企业要发挥数据技术优势,合理管控劳动者在线工作时间,对连续工作超过 4 小时的要安排工间休息。对于恶劣天气等特殊情形,要采取延长服务完成时限、限制接单等措施,减少安全生产事故和职业病危害。

(3)鼓励数字平台企业科技创新

数字平台反垄断的重点并不在于遏制数字平台发展,而在于引导其回归推动创新、促进社会生产力发展的原点。在市场机制的作用下,有必要保持竞争与创新的平衡,因为垄断所带来的超额收益往往是创新的动力。但当垄断力量过于强大时,不仅会抑制竞争,也会抑制创新。因此,政府在数字平台反垄断中应建立"损害创新"审查标准和惩罚机制。反垄断应坚守产业竞争政策,应将促进创新作为优先目标。加大对数字企业创新的支持力度,根据行业异质性对不同规模和行业制定差异化数字平台创新激励政策,引导企业在数字理论与应用上深度创新,避免企业在科技创新之外的恶性竞争,同时引导企业在质量上多下功夫,而非局限于降低成本或攫取消费者剩余,从而让数字企业不断提高产品和服务质量。

(4)优化平台主体作用

政府监管后,数字平台要跟进管理,加强自身管理规范。数字平台企业应制定更加公平、清晰、透明、合理的规则。不同类型的平台企业还应该进行针对性地研究,制定更加专业化的条款。通过这些规则确定平台上各主体的基本行为底线,明确各合作方的进入及退出机制、奖励惩罚机制、责任追溯机制,通过实名制等方式来加强管理。平台企业可以利用协议、合同等方式保证规则的履行,而且平台企业要定期发布社会责任报告。上海市消费者权益保护委员会对拼多多、美团等平台企业进行约谈,要求在经营过程中摒弃唯流量思维,要从保护消费者合法权益的角度出发,真正落实平台主体责任:一是强化对商户的资质审核,杜绝假冒伪劣产品的上线;二是要诚信履约,对商家的虚假发货、强制砍单等行为绝不姑息、严肃处置;三是切实履行好平台在消费者权益保护方面的责任,对于消费者的投诉,要做到应收尽收并及时妥善处理;四是平台不能够倚仗其市场优势地位,提高中间环节收费,增加消费者与商户的负担;五是平台应对照相关法律法规的要求,纠正其在拉新活动中存在的虚假、诱导等行为。

四、平台企业治理

长三角区域是我国数字经济高地。平台企业是这个高地建设的核心主体,是促进我国经济高质量发展和科技创新追赶的重要市场力量。然而,在平台企业的商业实践中也出现了各种乱象,如部分大型平台企业倚仗数据分析的用户画像结果,对同样产品制定差异化价格,以损害消费者权益为代价来实现平台利益最大化,俗称"大数据杀熟"。再如,部分大型平台企业借助其海量用户信息优势,违规利用这些信息谋取不正当利益。这些平台之所以存在这些乱象,是因为它们凭借数据资源的垄断地位,实施价格垄断、恶意收购、数据隐私滥用等,严重地破坏市场公平和交易效率。为此,本章首先试图厘清平台企业的内涵及其特征。其次,通过案例研究来解构和分析不同类型平台企业价值创造的基本逻辑与其垄断态势形成的内在联系。最后,在识别不同类型平台企业的基础上,提出实施平台企业有效治理的监管框架。

(一)平台企业及其特征

1.平台企业内涵解构

早期的"平台"被视为企业依靠差异化定价来撮合双边用户群体交易的"管道"。随着数字技术的快速发展和广泛应用,以构建双边或多边平台为模式的平台企业应运而生。国务院发布的《关于平台经济领域的反垄断指南》,将平台企业定义为通过网络信息技术,使相互依赖的双边或者多边主体在特定载体提供的规则下交互,以此为基础共同创造价值的商业组织形态。这一内涵主要是基于产业经济学视角和组织视角提出,强调了平台作为"界面"或"中介"的功能。

平台企业的基本属性体现为双边架构和网络效应。双边架构是指平台企业向双边群体(例如,买家和卖家、互补者和用户等)提供产品或服务;网络效应强调的是参与平台的单边用户从平台中获取的价值随平台内用户数量的增加而增加。区别于传统情境,数字技术的嵌入使得网络效应发挥作用的地理和时间边界被打破,平台企业得以跨越时空限制,瞬时聚集和连接来自不同市场的参与者和海量终端用户,表现出实时、高效、规模经济的新特征。

2. 平台企业组织特征

新情境下,平台企业被认为是一种"通过提供底层技术支撑和标准化接口来促进相互依赖的双边或者多边主体交互,以此为基础共同创造价值的商业组织形态",并呈现出生产要素数据化、业务边界融合化、价值创造生态化、创新活动赋能化的新组织特征。

其一,生产要素数据化。作为新情境下全新的、关键的生产要素,数据要素成为平台企业打造"护城河"的动力基础。无论是工业互联网平台还是消费互联网平台,其参与群体的互动不再受时间、空间的限制,参与者"时刻在线"的特点使得平台可以获得海量的用户行为数据。2020 年 3 月 30 日,中共中央、国务院发布了第一份关于要素市场化配置的文件——《关于构建更加完善的要素市场化配置体制机制的意见》,正式将数据纳入市场化配置要素,这意味着数据开始与传统经济学范畴中的生产要素(即土地、劳动力、资本、技术)有了同样的地位,也成为数字经济时代平台企业能否获得并夯实市场优势的关键筹码。

其二,业务边界融合化。传统产业边界变得日益模糊且重要性降低,平台企业能够以用户需求为起点"逆向"打造范围经济。发迹于某一行业的平台企业在获得绝对优势后,便可依托内部沉淀的海量数据及共享的平台基础架构,通过功能绑定、附加服务集成等几乎零边际成本的方式进入相邻甚至看似不相关的新市场,并基于共同的用户基础,帮助新业务快速渗透,从而实现已有业务和新业务间的高度协同。

其三,价值创造生态化。平台企业往往并不直接为用户创造价值,而是联动平台内部多方互补者共同向用户传递价值。平台企业在这一过程中得以完成价值创造。因此,平台企业的核心竞争力在于打造一个智能、高效的底层基础架构,以吸引更大规模和更高质量的互补者加入。同时,平台企业也会通过限定 API 接口、技术参数等方式来主动构建"壁垒",以提高互补者的生态迁移成本。

其四,创新活动赋能化。平台企业不再是某一个或者几个产品的供应商,而是作为成千上万商品交易的基础设施而存在,表现出实时高效、超规模经济的新特征。以阿里巴巴、腾讯、京东等为代表的大型平台企业,均在各自领域搭建基础设施服务,赋能平台生态中各类参与者的创新创业活动。截至 2019 年 9 月,天猫平台共发布 9000 万款新品,2000 个新品牌在淘宝上诞生,200 万个商家建立了智能客服新组织。

3. 平台企业竞争特征

数字技术的快速发展促进了平台企业的迅猛发展。近年来,我国市场价值超 10 亿美元的平台企业数量不断增加,由 2015 年 67 家增长为 2020 年 197 家,平台企业已成为促进我国经济高质量发展和创新追赶的新动能,为我国产业国际竞争做出了显著贡献。在平台快速崛起的同时,平台竞争逐渐成为企业竞争的主要形式。目前,我国平台经济的众多领域都呈现出高度集中的市场结构,由平台"一家独大""赢者通吃"所引发的竞争争议也引起了监管部门的持续关注。理解平台竞争的本质特征是对其进行有效治理的前提。

第一,竞争行为的寡头垄断性。寡头垄断是介于竞争市场和完全垄断市场之间一种混合型市场结构,由少数几家企业控制整个市场的销售渠道。寡头垄断与完全垄断的区别在于,寡头垄断通常不是一家独大,而是由多寡头共同分割市场,相互之间存在一定的竞争和制约关系,单一的寡头不能独自控制市场价格。由于寡头市场中存在竞争,其效率往往高于完全垄断市场。新情境下,平台企业的经营活动不再受地域、时间、空间、自然资源等条件的限制,拥有了强大的规模效应和网络效应。巨型平台企业的出现成为数字经济发展的重要现象和必然规律。换言之,平台企业的"垄断"类似于"自然垄断",与阻碍资源自由流动、降低资源配置效率的"竞争性垄断"有所不同。例如,Facebook 凭借其强大的直接网络效应沉淀了海量用户的社交关系,单个用户的转移成本极高,使平台"天然"具有了排他性;Google 通过为用户提供关键词和运算符检索公开网页的功能积累了海量用户数据,并利用用户数据不断优化现有搜索和排序算法,提升用户体验,构建了难以逾越的竞争壁垒。

第二,竞争主体的平台生态性。平台企业不再是一个简单的科层组织,而是一个兼具市场竞争效率特征和科层控制特征的混合组织形态。因此,新情境下的市场竞争呈现出多层次、嵌套性的特点。产业竞争由企业间竞争转变为以平台企业为核心的生态系统间竞争。平台企业获取竞争优势不再取决于自身能拥有多少稀缺的、难以模仿的资源,而在于其能否成功构建一个高质量、有竞争力的平台生态系统,并利用生态系统中互补者的力量打造竞争优势。平台企业可以通过制定一系列治理机制来激励和规范内部参与者行为,以促进正向网络效应的产生和放大,从而实现平台企业自身与大量参与者的"共赢"。例如,Google 与 Apple 两大平台曾围绕手机操作系统等十余个领域展开争夺,多数参与者选择同时加入了两家平台,呈现出"多宿主"态势,使得两大平台间的竞争变得愈加复杂。

第三,竞争管制的手段多样性。平台企业垄断形成有其一定的必然性和合理性。简单通过"分拆"来实现市场竞争管制的传统思路已很难适用于规范数字经济时代的平台竞争,反而可能损害市场创新活力。平台企业越来越多地承担起产业基础设施建设的功能,头部平台企业的创新发展已成为我国实现技术追赶、提高市场控制力的突破口。大型平台企业之间的激烈竞争加速了产业技术创新,反映出平台企业重组产业链的颠覆性创新能力,展现了寡头竞争所带来的高效率一面。作为集聚大量核心资源的平台企业,不再强调对传统产业上下游的资源控制,而是通过多种赋能手段来激励中小企业积极参与到共建创新生态系统的过程中。如阿里巴巴借助以支付宝为核心的支付体系、以菜鸟物流为核心的物流体系、以围绕淘宝服务市场和千牛工作台的 SaaS 生态,构建了一站式的电商配套服务体系,通过完善的电商基础设施为商家解决了市场交易中的大部分问题,为参与者的产品创新、服务创新、运营创新等进行全方位赋能。

（二）平台企业价值创造逻辑与治理重点的差异性

依托数字技术的迅速渗透，平台企业的组织特征、结构特征、竞争特征和创新特征均发生了显著变化，为其自身经济发展和社会价值创造提供了难得机遇。

由于不同类型的平台企业在其核心竞争力、业务扩张逻辑等方面存在差异，因此可以通过"要素基础"和"外在表现"两个维度来对平台类型加以区分。前者指平台企业用以创造价值的底层资源，具体可划分为数据要素基础和资本要素基础；后者指平台企业获取竞争优势的外在表现，具体可表现为需求锁定和渠道控制。由此，产业实践中平台企业可被划分为以下五种型态："数据锁定需求型"平台企业、"资本锁定需求型"平台企业、"数据控制渠道型"平台企业、"资本控制渠道型"平台企业和"多元复合型"平台企业。

1."数据锁定需求型"平台企业

型态一："数据锁定需求型"平台企业，即利用数据要素来锁定用户需求以创造价值的平台企业，典型代表是移动出行平台企业。

移动出行平台企业作为数字交通的典型代表以及国家关键信息基础设施运营者，在其运营过程中往往沉淀了海量的用户个人信息、城市交通信息等数据资产。平台内的数据规模以及企业自身的AI技术实力是这类平台企业撬动市场份额的核心竞争力。原因在于,平台企业通过对海量、多维度的数据进行清洗、开发和二次利用来提高整合资源的效率,为消费者创造更加便捷、高效、绿色的出行体验。与此同时,数据聚合也助力了平台企业通过数据"给养"算法的快速迭代来持续锁定用户需求,从而极大地增加用户转移成本,直接或间接提高后入者的行业进入壁垒,维持和强化其网络效应。

由此可见,"数据锁定需求型"平台企业的成长和发展往往反映了基于数据聚合的价值创造逻辑。具体而言,海量的数据优势有利于这类平台企业发挥创新"火车头"作用,对传统产业进行全方位、多角度、全链条的改造提升,从而极大地优化社会资源配置,展现出巨大的社会价值创造潜能。

案例:滴滴——基于数据资产的价值创造逻辑

滴滴作为全球最大的共享出行平台,通过"滴滴出行"APP、"花小猪"APP、"滴滴企业版"和"滴滴代驾司机"等,截至2021年7月,对接了国内1300万名司机和3.77亿名打车用户,公司平台全球年活跃用户超过4.93亿。作为"互联网+"的新业态,滴滴一方面依托数据资产实现了规模效应和网络效应,创造了经济价值;另一方面利用大数据极大地改善了用户出行体验,提高了交通资源利用和城市交通效率,通过数据赋能智慧城市建设、数据支撑自动驾驶行业发展、数据优化人力资源配置等方式创造了社会价值。

然而,当平台企业通过自身营造的网络生态系统吸引了千万流量、汇聚了多维度的海量数据后,随即可能引发"数据—需求"型垄断。而这种垄断所带来的危害主要表现在两个方面:一是当平台企业作为国家关键信息基础设施运营者时,一旦平台数据遭到泄露或篡改,将可能影响生产经营安全、国计民生甚至国家安全。当平台企业内沉淀的数据量级达到一定程度时,一旦数据在采集、存储、处理、应用、流动和销毁等任何一个环节遭遇非法泄露和破坏,这些具有高增长性、高集中性、高精细度的数据可能会对公民个人的生命、财产安全以及国家社会的稳定发展带来巨大威胁。二是数据的巨大价值也会导致平台企业的"数据饥渴"。超级平台可以通过"数据封锁"轻易构筑进入壁垒。对于移动出行平台企业而言,车辆和司机构成的供给端网络和用户形成的需求端网络,相互促进、彼此需要,与其他产业的平台企业相比具有更强大的网络效应。这也导致移动出行平台企业"天生"就拥有更强的数据收集能力和数据处理能力,而数据收集和处理的技术能力越强大,越有可能"无形"中增加用户的平台转移成本,形成强大的用户锁定效应,形成市场垄断格局。

因此,如何规范平台数据收集、使用与转让过程,避免数据垄断带来的危害是针对这类垄断实施管制的关键。

2.“资本锁定需求型”平台企业

型态二：“资本锁定需求型”平台企业，即通过资本的规模扩张来锁定用户需求以撬动市场份额的平台企业，典型代表是本地生活服务平台企业。

本地生活服务平台企业通过搭建线上平台来满足线下居民对本地服务的即时性需求和对零售商品的配送需求，并逐步串联本地居民与周边商家。围绕居民生活的多元化需求，这类平台企业依靠资本优势不断扩大其业务覆盖范围，以串联更多的细分场景，由此建立起一站式生活服务生态圈。例如，在新冠肺炎疫情期间，本地生活行业出现了很多新的业态和模式——盒马的无接触交易、饿了么和口碑的无接触外卖、共享员工、直播卖菜等，这些新模式体现了以满足用户需求为核心驱动、以资本扩张为实施手段的新发展理念。

“资本锁定需求型”平台企业的成长和发展往往反映了基于共同用户相互溢出的价值创造逻辑。具体而言，平台企业利用资本优势、辐射逻辑下的用户溢出效应来实现多元扩张，从而满足人民不断升级的物质文化生活需要。

案例：美团——基于用户溢出的价值创造逻辑

自我定位为“服务业的亚马逊”的美团，通过提供包含吃喝玩乐在内的多元化服务，高度嵌入城市居民生活体系。目前，平台活跃商家数量达到了 770 万家,交换用户超过 6.3 亿人次。最初,美团以团购这一高频业务切入,围绕用户团购延伸出的外卖需求,顺势推出外卖业务,并逐步构建起一条供需双向互动链条。依靠资本优势实现版图的快速扩张,为美团在短期内聚集了大量的用户,其价值创造主要体现在用户需求拉动产业升级和用户驱动企业生态化发展两个方面。

然而,当平台企业借助资本实力开展跨界竞争来锁定用户需求时,也可能会导致平台单纯依靠"烧钱补贴"来获取市场份额,形成"资本—需求"型垄断。这种垄断所带来的危害主要表现在两个方面:其一,在资本的催化下,"烧钱补贴"取代科技创新成为了平台企业生存和发展的关键。对于一些具有本地网络效应和同边网络效应的平台企业而言,其竞争优势形成的关键主要在于前期对用户心智的塑造和用户习惯的培养。这背后往往需要大量资金作为支撑。以社区团购市场为例,在资本驱动下,大量平台企业以低于成本的价格争夺市场,高度资本依赖的模式也导致大量社区团购企业在泡沫破裂时因资金链断裂而破产。例如,截至 2021 年 12 月,曾是社区团购"老三团"之一的十荟团已裁员近九成,对员工权益保障乃至社会稳定都造成了不利影响。其二,拥有资本加持的平台企业会"无差别"侵占传统企业市场份额。当平台企业依靠资本优势实施跨界竞争时,往往会抢占传统单一垂直领域企业的市场份额。例如,大型平台利用资金、流量优势进军"社区团购"时,以低于成本的价格争夺市场,会给小商贩、社区便利店等线下社区经济模式造成冲击,打乱原有的经销商价格体系,出现乱价、跨区窜货等问题,带来明显的负效应。因此,明确平台企业的责任和义务以防止平台企业借助资本盲目和无序扩张,是针对此类垄断实施管制的关键。

3."数据控制渠道型"平台企业

型态三:"数据控制渠道型"平台企业,即通过掌握关键数据要素来控制产业上下游渠道以获取竞争优势的平台企业,典型代表是在线音乐平台企业。

在线音乐平台企业响应了国家建立健康音乐产权交易制度的号召,通过整合产业链上下游资源,构建数字化信息库,借助平台来实现音乐版权的采购、管理、分发等过程,实现"线上＋线下"数字化管理运营,有效激励了平台内原创音乐人、小型唱片公司的创作和生产,为整个在线音乐产业带来更大的增长空间。在线音乐平台企业运营的核心资产和关键性资源投入是正版音乐版权。获得独家授权的在线音乐平台企业可以决定是否向竞争平台转授版权,以及转授权的价格、范围等。因此,这类平台企业可以通过占据产业发展的关键瓶颈性资产(如音乐版权)生产渠道来撬动市场份额。

"数据控制渠道型"平台企业的成长和发展反映出基于生态赋能的价值创造逻辑。具体而言,平台企业可以基于数据优势、关键资源赋能大量中小企业扩大用户基础、降低创新风险、摆脱资源约束,从而推动数字经济发展良性循环的形成。

案例:腾讯音乐——基于生态赋能的价值创造逻辑

作为国内最大的数字音乐娱乐集团,腾讯音乐集团(TME)旗下拥有 QQ 音乐、酷狗音乐、酷我音乐三大音乐主流媒体平台,以及国内最大的音乐社交平台——全民 K 歌。随着腾讯音乐的发展,在线音乐行业打破了多年来存在的零和博弈格局,在推动整个行业"共融、共生、共赢"基础上,腾讯音乐逐步串联起音乐产业乃至泛音乐娱乐链的上下游资源。

然而,平台企业在赋能中小企业创新的过程中,通过对版权这一数据要素的封锁提高了中小企业的市场进入壁垒,加速产业链上下游的合纵连横,进而逐渐导致了"数据—渠道"型垄断格局的产生。而这种垄断所带来的危害主要表现在两个方面:其一,平台企业可以借助算法来"主观"推广其内部参与者的创新成果,限制中小企业创新导向和成果转化渠道。由于中小企业和终端用户必须要通过平台界面和规则产生联系,因此平台企业有机会通过算法等数字技术手段选择用户"可见"哪些互补者。换言之,中小企业能否在市场竞争中胜出,很大程度上依赖于平台企业的主观选择。因此,互补者为了提高其可见性,会不可避免地根据平台"诉求"来设定其创新导向,并不断增加对特定平台的专属性投资。其二,平台企业可以单方面修改中小企业参与平台的规则和边界资源的开放时机。当平台企业占据产业发展的关键瓶颈性资产,便可以轻易地通过

"原料"封锁来形成垄断。另外,处于权力高位的平台企业可以根据其所处的市场环境和其战略目标的变化而单方面修改平台内竞争规则。如何保证效率和公平的兼顾也是新的治理挑战之一。因此,加强对平台企业滥用治理权、限制和破坏竞争行为的监管,引导平台企业积极参与公平竞争的市场环境建设是针对这类垄断实施管制的关键。

4. "资本控制渠道型"平台企业

型态四:"资本控制渠道型"平台企业,即借助资本规模扩张来进入产业上下游以获取竞争优势的平台企业,典型代表是泛娱乐社交平台企业。

目前来看,我国泛娱乐产业已由企业单体竞争转向了生态性竞争,生态化平台的整体协同能力和商业价值正在逐步凸显。借助资本优势来投资收购产业链上下游企业,成为这类平台企业完成其生态版图构建过程中的重要一环。以腾讯、阿里巴巴等为代表的互联网巨头往往通过提供更多的产品与服务将更多类型的参与者纳入平台的生态中,将双边的连接升级为多边交互,打造全产业链协同的发展形态,以期最大限度地发挥业务间的协同优势,撬动市场份额。例如,腾讯的文娱投资布局囊括了腾讯电竞、腾讯游戏、腾讯动漫、腾讯网文、影视和媒体等多个领域。而阿里巴巴大文娱则侧重于以优酷、UC 等综合领域,以及淘票票、虾米音乐等垂直业务群作为用户触达的四大平台,并产生了阿里音乐、阿里文学、阿里游戏等众多生态内容。

"资本控制渠道型"平台企业的成长和发展往往反映了基于参与者协同的价值创造逻辑。具体而言,平台企业内不同业务之间实现渠道协同,有利于打造一批头部平台,从而使千差万别的产品借助于头部平台去抢占全球市场,提高我国产业的全球竞争地位。

案例:虎牙、斗鱼——基于参与者协同的价值创造逻辑

作为国内游戏直播行业的"双强",虎牙和斗鱼成为腾讯完成其文娱体系布局的重要投资决策。为了配合完成腾讯游戏的整体生态战略,自 2013 年起,腾讯多次直接或通过其子公司欢聚集团间接对虎牙、斗鱼两家游戏直播平台进行投资。其价值体现在协同推动产业融合发展和协同提升生态运营效率两方面。

平台企业借助资本力量整合上下游产业链,使来自特定平台的业务可以在全产业链自由通行。但是,由此带来的"过度协同""掠夺式并购"等行为也可能会导致"资本—渠道"型垄断格局的产生。例如,虎牙和斗鱼的合并属于具有竞争关系的横向经营者集中,其本身便极易构成垄断。而腾讯作为两家直播公司的共同核心股东,一旦虎牙斗鱼两家合并成功,实质上还间接构成了腾讯公司与合并后公司的垂直一体化经营者集中,最终使得腾讯在电子游戏市场上下级形成闭环而获得极大的垄断地位。这种垄断带来的危害主要表现在两个方面:其一,平台企业利用资本优势的扩张行为意味着被整合企业需要"被动"服从平台价值主张,高度限制了企业发展自主权。例如,虾米音乐、天天动听、优酷土豆、UC等互联网公司,独立经营时均以行业独角兽著称,但在被阿里巴巴收购后,则纷纷从头部玩家中掉队,声量渐小甚至销声匿迹。其二,平台企业借助资本优势会提前对具有潜在威胁的创新企业进行预先收购,此类行为可能会遏制颠覆式创新的产生和发展。面对快速变化的市场环境和巨大的竞争压力,大型平台企业为了维持市场优势,可能会大批收购还处于萌芽阶段但具有潜在竞争威胁的创新企业。但是,在完成收购后,部分巨型平台企业可能会随之叫停或关闭这些具有创新潜力的企业。由于这些并购行为可能难以达到事前申报条件而免受监管,因此会对市场创新产生长远影响。所以,健全平台并购的事前审查机制,形成"事前、事中、事后"的全链条监管体系是针对这类垄断实施管制的关键。

5."多元复合型"平台企业

型态五:"多元复合型"平台企业,即借助数据优势和资本扩张来塑造用户需求,并同时进入产业上下游以获取竞争优势的平台企业,典型代表是电子商务平台企业。

电子商务平台企业具有典型的强跨边网络效应,一方面平台企业通过打造即时物流等基础设施和服务建设来控制产业链上下游渠道的进入,另一方面依托资本优势来面向终端用户实施大规模补贴策略以吸引更多用户,依靠紧密的跨边网络联系来打造市场竞争优势。对于发展初期的中小型商户而言,参与成熟电商平台的价值创造活动尤为重要。原因在于,一方面,中小型企业可以通过深度参与电商平台的价值创造活动来逐步将电商平台的公域流量导入,转为企业的私域流量。这一过程有利于中小型商户了解和把握用户潜在需求,从而指导创新活动投入的方向。另一方面,平台企业能够为其解决除了生产备货之外的大部分问题,通过将更多交易环节外包,中小型商家本身也能节省交易成本,获得更高的经营效率。以淘宝为例,其能够协助商家完成交易前获客、交易中支付、交易后发货以及售后服务等各个环节的工作。

"多元复合型"平台企业的成长和发展往往反映了基于双边网络效应的价值创造逻辑。具体而言,平台企业基于其双边架构属性和大数据优势,可以为参与平台的创业企业提供关键的市场信息和客户资源,助力创业企业克服"新生者劣势",与平台企业共同从生态中获利。

案例:拼多多——基于双边网络效应的价值创造逻辑

传统模式下,农产品流通面临着易损坏、无标准、小规模种植、信息不通畅等实际问题。拼多多通过"社交+算法"的技术集成将信息进行匹配,实现"货找人",同时消费者还可以通过拼单模式分享优质农产品信息,有效提高了农产品的生产规模和生产效率,使得分散在全国各地区的农产品突破传统流通模式的限制,直连全国大市场,在助力乡村脱贫发展过程中起到了突出作用,具体体现在助力供需匹配高效化和助力供方生产专精化两方面。

然而,平台企业在资本实力、数据优势、规则制定权的加持下,可能会轻易通过算法控制和价格歧视等方式强化渠道和用户的锁定效应,形成垄断格局。例如,阿里巴巴凭借其在我国网络零售平台服务市场的支配地位,借助市场力量、平台规则和数据、算法等技术手段,采取多种奖惩措施强迫内部参与者"二选一",如禁止平台内商家在其他竞争性平台开店或参加促销活动,用以维持和增强平台企业自身的市场力量,获取不正当竞争优势。这种垄断形态带来的危害主要体现在:数字经济背景下,平台企业充分运用其自身掌握的技术和信息等优势,叠加资本要素趋利的盲目流动与无序扩张,正在加快形成资本与数据要素有机结合,产生更复杂、更隐蔽的垄断,可能会导致市场竞争效率降低,也给其他的市场主体自由进入、社会公众利益甚至国家安全利益、政府有效监管等带来挑战和危害,不利于实现共同富裕。因此,强化对数字经济发展形势的研判,深化对数字经济发展规律和特点的认识,科学预判控制和扩张行为是针对这类垄断实施管制的关键。

(三)长三角平台企业生态系统治理建议

1. 科学界定监管标准,明确平台边界与责任

数字经济时代产业边界模糊化、竞争生态复杂化,导致传统监管标准和工具的适用性降低。对此,要根据不同垄断要素(数据、资本)和垄断形式(用户、渠道),提高监管针对性和精准性,引导不同类型平台朝合规、健康方向发展。综合考量平台企业的经济属性和产业基础设施属性,明确平台企业的责任边界,避免将一切问题归诸于垄断。平台经济发展过程中出现问题的根源是多方面的,如因产品质量导致的消费者利益受损、因欺压员工等导致的员工利益受损、因数据产权不明晰等导致的数据安全问题等。即使是 2021 年 9 月 1 日起正式实施的《中华人民共和国数据安全法》,对如何判定平台内经营者的数据交易行为与平台数据垄断之间的关系也尚不清晰。因此,要进一步明确平台企业的责任边界,将利用算法实施价格共谋、滥用市场支配地位等行为纳入反垄断规制范围,对于可能带来公共危害的红线行为(如危害国家安全、售卖假冒伪劣等)必须严肃整治。

2. 创新监管方式,加速平台科技转型

第一,加快数字化监管能力建设,注重监管工具创新,提高监管网络化、智能化和敏捷化水平。传统监管工具导致政府反垄断审查出现周期长、经营者违法成本低等问题。对此,要加快扩展数字监管工具箱,积极运用监管科技、监管沙盒等新型智慧监管手段以及信用、标准等工具,实现线上监管(非现场监管)与线下监管(现场监管)无缝衔接,构建事前、事中与事后全流程的新型数字经济监管框架,形成监管闭环和大监管格局。

第二,丰富反垄断审查标准,结合企业营收、数据、资本等多要素,以完善全面评价经营者主体集中的事前申报标准。当前政府对经营者的集中申报审查主要标准为营业收入,忽视了新情境下平台企业垄断形成的数据、资本两大要素基础,导致垄断态势更具隐秘性和多样性。加强平台企业的反垄断工作要做到以下两点:一是进一步完善以企业营业收入、用户数据存量、股权结构等多要素结合的事前申报标准,加强监管机构对于由数据要素、资本要素驱动的平台企业垄断行为的研判。二是强化监管执法的多元主体参与,对平台竞争过程中的数据合规与保护、消费者权益保护、行业部门法律等进行交叉监管,对可能涉及垄断的经济行为,建议采用市场监管工具进行规范治理。

第三,给予创新贡献更大的考察权重,加速平台科技转型,推动数字经济和实体经济融合发展。客观来看,当下全球发展最快的科技巨头,80%以上是巨型平台企业,他们依靠强大的技术能力进行科技转型,最终实现业绩新高。因此,在对平台企业进行反垄断调查时,反审慎对待。一是评估和鉴别垄断行为时,应尽量避免"一刀切"的方法,给予平台企业促进创新行为应有的包容,在平台反垄断中,以此作为评判垄断的重要标准之一。二是要客观评价平台企业创新对产业发展和社会福利的影响,为平台企业发挥数据资产优势、赋能传统产业转型升级提供制度保障。三是要把平台企业扶植和培育"专精特新"企业发展,纳入反垄断评估体系。

3. 健全数据治理体系,以数据赋能创新发展

第一,健全大数据获取和使用规则体系,明确数据权属和分级,推动平台企业监管部门各司其职,消除监管空白。由于平台企业与参与者之间呈现出强烈的"支配—依赖"关系,导致数据产权不清、市场边界模糊、市场支配地位滥用等问题,给市场势力测度、反垄断调查取证带来了困难。为解决上述难题,要做到以下三点:一是敦促平台履行数据合规义务,避免过度收集、挖掘和不正当使用数据以损害消费者利益。二是推动平台企业与政府部门间的数据共享,实现政府对数据生产使用的监督和集中管理。三是推进数据确权,

明确数据资源的归属权、使用权和收益权,加强《反垄断法》与《数据安全法》《个人信息保护法》《知识产权法》等法律联动,推动建立现代化数据治理体系。

第二,充分发挥海量数据和丰富应用场景优势,以数据赋能生态系统创新发展。我国早期对互联网行业"包容宽松"的监管态度已为平台经济的崛起提供了制度窗口,考虑到数字经济发展的新特征和新规律,对数据的治理也需要采用新的方法体系,以提高数据监管的能力和效用。一是强化平台算法与规则的透明度,降低平台企业与中小企业之间的信息不对称,利用平台数据规范而非约束参与者的行为,打造公平竞争的平台生态。二是政府可利用互联网、大数据、云计算、人工智能、区块链等技术提出新型监管方法,实现以网管网、以数治数。

4. 完善平台治理体系,发挥平台"代理人"作用

第一,以规范代替分拆,规范平台经济健康发展,引导平台企业做大做强。巨型平台的出现和崛起是我国数字经济快速发展的必然产物,拥有强大技术能力的平台企业自然会发挥其网络效应,进而形成一定程度上的垄断。考虑到平台企业具有赢者通吃、双边市场等内在特性,数字经济时代下对于垄断的判定不应单纯依赖于市场份额和进入壁垒,而是需要综合考虑平台内部、平台之间的竞争行为以及对社会总体福利的影响。一是反垄断政策的制定应引导

平台企业承担社会责任,提高其社会整体福利功能,引导平台向善、科技向善。以规范代替分拆,既能提高我国平台经济的国际竞争力,又能激发产业创新活力。二是健全市场准入、公平竞争审查和监管制度,规范平台交易过程,纠正妨碍公平竞争的行为,以实现"在发展中规范、在规范中发展"。

第二,明确平台企业作为"代理人"的权利和义务,在给予自治权限的同时,加强对破坏竞争环境行为的监管。平台企业作为产业基础设施扮演着社会治理"代理人"角色。一是引导平台企业合理合法地承担起社会治理的功能,通过平台企业与政府、市场的协同治理,引导平台经济健康发展。二是政府部门和立法机构要尽早明确平台企业治理的限度和边界,引导平台企业通过自由裁量空间的筛选、产品准入规则的设定、生态系统文化的塑造等方式进行自我更新。三是加强对平台企业滥用治理权、限制和破坏竞争等行为的严格监管,将平台的非中立行为纳入反垄断监管,引导平台企业积极参与公平竞争的市场环境建设,平衡好平台企业利益各相关方的关系,实现经济目标与社会目标的协同提升。

第三,加强数字经济发展形势研判,深化对数字经济发展规律和特点的认识,提高反垄断治理体系构建的科学性。数字经济背景下,大数据、人工智能、云计算等数字技术的快速发展和广泛应用,正在加快促使平台企业将资本与数据要素结合,产生更复杂、更隐蔽的垄断。为加强对此类垄断的甄别,提高反垄断治理体系构建的科学性,要做到:一是政府牵头推进企业、科研院所与第三方评估机构协作,加强数字市场调查研究,提高对平台企业利用资本、数据优势实施垄断和不正当竞争行为的甄别能力。二是加紧制定数字监管相关细则和指南,探索实施数字监管清单制度,更好地发挥调查研究的监管决策依据和治理工具功能。

五、智能媒体治理

互联网诞生已50余年,距互联网商业化进程也有30多年,从信息传播视角看,互联网的发展分别经历了 Web 1.0 时代的网络传播阶段,Web 2.0 时代的社交传播阶段以及智能时代的智能传播阶段。当前,基于人工智能的智能媒体迅速发展,对智能媒体的治理以算法治理与数据治理作为核心。从互联网历史演进的基本规律来看,各种新兴技术大多都是率先在信息传播层面彰显身手。截至目前,全球尚未形成统一的国际规则和各国相互协调的人工智能治理体系,各国从维护自身利益出发,选择不同的智能媒体治理模式,明显呈现出碎片化、分裂化特点。智能媒体治理应当以法治为基本依托,我国可以充分发挥制度与技术优势,在深入考察目前智能媒体治理法治实践的基础上,推动智能媒体法治的构建与完善。在以法治方式推进智能媒体治理的过程中,长三角具有独特的治理优势,能够提供充分的实践经验与环境。

(一)智能媒体治理背景

智能媒体治理,主要包括信息治理和 AI 治理两大层面。其中,信息治理涉及传统媒体信息治理和网络媒体信息治理。而智能媒体的 AI 治理自然涉及算法治理和数据治理两个层面。智能媒体治理除了传统与网络的信息治理制度之外,新兴的领域主要包括算法治理与数据治理,这是两个相辅相成、相互交错的领域,与信息治理一起,构成了智能媒体大致的治理框架。信息治理依然是智能媒体治理的基础,传统媒体和网络媒体信息传播的法律、规范和价值观,依然在智能媒体时代继续发挥着重要作用,甚至扮演着方向性的角色。智能媒体领域的算法治理和数据治理,是两个新兴的领域,也是人类社会进入智能时代的关键领域。可以说智能媒体的算法治理和数据治理实践,能够成为整个社会和整个产业算法治理和数据治理先行先试的示范区。信息传播层面的变革,既是互联网变革的"先头兵",也是互联网驱动发展和影响社会的基础。因此,以智能媒体为基础的智能传播成为算法治理的重点,也就顺理成章。

2021 年 12 月 31 日,国家网信办、工业和信息化部、公安部、国家市场监管总局联合发布《互联网信息服务算法推荐管理规定》(以下简称《规定》),2022 年 3 月 1 日起正式施行。《规定》开启了中国算法治理的序幕,也是全球算法治理的先声。《规定》明确,具有舆论属性或者社会动员能力的算法推荐服务提供者,应当在提供服务之日起十个工作日内通过互联网信息服务算法备案系统填报备案信息,履行备案手续;备案信息发生变更的,应当在规定时间内办理变更手续。算法推荐服务提供者应当依法留存网络日志,配合有关部门开展安全评估和监督检查工作,并提供必要的技术、数据等支持和协助。2022 年 3 月 1 日,互联网信息服务算法备案系统正式上线运行。备案系统是根据《规定》第二十四条要求,针对具有舆论属性或者社会动员能力的算法推荐服务。这一部分属于我们熟知的智能媒体。从智能媒体入手开启中国 AI 和算法治理的司法实践,契合中国互联网发展的基本国情和治理特色,也契合了智能时代社会信息传播的变革节奏。虽然,面对新兴而复杂的智能媒体治理格局,制度真正落到实处并形成有效的治理能力,还需要付出更大的努力。智能媒体治理的良好开端,无疑具有特别重大的意义。

1. 智能技术的媒体应用

在 Amazon、Facebook、Goolge、Apple 和网飞等科技公司的引领下,媒体行业在受众行为、内容战略和商业模式等方面发生了重大变化,同时,智能技术被应用于媒体行业的各个领域。人工智能被认为是数字时代的变革性技术,并为数字时代的一切提供动力。人工智能的价值逐渐成为一种基础,而不是特定的工具或技术。特别是,随着“大数据”在数量、来源和速度方面的不断扩大,人工智能在媒体相关环境中所发挥的作用也将增强。对于媒体行业而言,人工智能似乎成为一种关键的商业思维和能力。

媒体行业一直在随着技术的发展而不断地发生变化。智能技术在媒体中的应用所带来媒体智能化,反映出一个智能化程度不断提升的过程。目前,对于智能媒体的概念并未达成一个普遍的共识,有的学者认为“智能媒体”是一个具有中国特色的学术概念,它从计算机学科逐渐进入媒介社会学,本质是描述一种在智能技术介入下人类信息传播活动出现的新模式和新形态。有的学者从学术史的角度梳理了智能媒体的概念,提出智能媒体既是一种技术,也是一种组织,更是一种生态,具有算法驱动、人机互动、自主进化三大特征,它还孕育着人类传播技术史上一个崭新的媒介形态。有的学者将"智能媒体"定义为具备较高的识别与理解能力,能够在营销传播场景中进行最优决策,并具备通用性进化与自我创造潜力的媒体。

2. 智能媒体中的新兴领域:算法治理与数据治理

算法治理通常被定位于数字化、数据化和技术治理的交叉点,它几乎已经成为分析和决策不可或缺的工具。在公共治理中,算法被认为是一种提高政府效率和效力的强大工具。除了能快速决策和提高经济生产率,它还能促进社会互动、帮助解决社会问题。同时,算法作用过程和决策机制的"不可见性"或"黑箱",导致算法被滥用的风险大幅上升。"信息茧房"、"大数据杀熟"、算法歧视等事件,以及选举机器人、虚假新闻传播等现象的存在也提出了构建算法治理体系的要求。在媒体领域,由算法所构建的可见性对参与主体施加了一种隐形威胁。传统大众媒体通过选择或忽略某些信息(如守门、议程设置、框架)来帮助构建社会现实,而在互联网上通过自动算法选择进行的真实感构建不同于通过大众媒体进行的传统真实感构建。算法传播的"可见性"与"不可见性"生产逻辑构建了日益复杂的信息地缘政治格局。

　　作为一项人工智能技术,算法是全新的资源配置方式,还是"伦理政治实体",它不仅改变人们道德直觉的本质,还通过主导内容传播、控制舆论导向、引领价值选择,成为思想观念塑造的新兴权力,建构起算法推荐的意识形态属性。随着算法推荐的意识形态属性不断僭越主流意识形态的共识生成、认同建构、价值凝聚和议题设置,主流意识形态价值功能存在被遮蔽的风险。例如,短视频推荐算法反映了流量至上和商业利益优先的算法价值观,以此为依据的短视频推荐算法带来了隐私泄露、信息窄化和算法歧视等伦理问题。本质上,智能和风险是算法的两面,也是技术从诞生到应用的必经阶段。

　　数据治理强调的是一个从混乱到有序的过程,对数据的获取、处理和使用进行监督管理。人工智能技术的一大特点是,能够解释外部数据,并利用这些数据进行学习,以实现复杂的目标和任务。从数字化到数据化,诸多媒体在布局智能技术时并没有意识到数据的重要性,因而造成了智能化发展中的各种瓶颈。在媒体智能化发展进程中,用户在与媒介接触的过程中生成了海量数据,而对个人信息的非法使用和采集,对数据来源缺乏安全有效保护,易造成隐私泄露,出现信息安全问题。在治理辩论中,主要围绕人工智能和数据驱动系统的隐私政策、数据保护、伦理、设计公平性和人权等方面展开讨论。

3. 信息传播的范式转变：从社交传播转向智能传播

在智能技术风险和责任的"不确定性"背景下，以算法、算力和数据为基础的智能传播，超越了过去基于编辑和记者的大众传播以及基于民众人际关系的社交媒体，正在重构整个人类社会的信息传播机制，重塑媒体、沟通、社交、商务、娱乐，甚至社会运行和国家治理的固有范式，在信息处理能力、处理效率和传播速度等方面得到历史性的提升与突破。

与此同时，对智能技术在媒体中应用的分析揭示了一系列前所未有的治理挑战。随着智能技术在媒体公司运营中应用的深入，决策过程中人与机器之间的竞争或协作的平衡将是媒体公司面临的一个关键挑战。智能技术的效率与海量数据呈正相关，而这将会对隐私问题、数据访问、基础设施等产生影响，尤其是规模较小、技术水平较低的媒体公司。整合或业务协调是人工智能在媒体领域面临的另一个主要挑战。此外，还有对技术滥用、算法素养、透明度和监督必要性的强调。尤其是在隐私和算法决策方面对公共领域带来的风险，以及数据收集、分析、社会分类、监控和歧视等问题。如在社交媒体上，当大量外部数据用于重新"认识"某人时，可以通过匿名的人口统计，或位置等信息来进行识别。而整个识别的过程记录了人工智能在训练数据集时可能发挥的造成社会不平等方面的作用。

　　20世纪90年代以来的互联网商业化浪潮,改变了整个社会信息传播的基本范式。从传播机制层面看,迄今社会信息传媒方式大致形成了四大传播机制:互联网产生之前占据社会主导地位的传统大众传播机制,到20世纪90年代开启的内容驱动的网络传播机制,21世纪Web 2.0开启的用户驱动的社交传播(也称为自传播)机制,以及21世纪20年代开启的数据驱动的智能传播机制。这四大机制的竞争、叠加与联动,构成了当今社会信息传播的基本格局。

　　智能传播研究主要聚焦于算法与权力、人工智能与信息消费、人工智能与新闻生产、智能机器人与人机传播、智能技术的社会性、人工智能与广告以及智能技术接受与回避等领域。算法与社交媒体、个性化新闻、人工智能与社会等是智能传播研究的核心概念。如今,智能技术已深入媒体的制度结构中,并成为新闻和其他媒体内容生产、分发和消费方式演变的关键驱动力。智能技术在媒体实践和底层技术架构中的使用,带来了效率提升、消费模式可衡量、基于人工智能的内容生产等方面的优势;同时,这也造成了新闻工作方式的改变。数据是人工智能的"燃料",为其提供价值和动力。数据的利用正在成为媒体实践中不可或缺的一部分,且具有法律和政策影响。除关乎数据所有权和知识产权问题外,人工智能和算法控制还涉及代理和责任的问题。

4. 智能媒体的治理挑战

智能技术从传播需求、传播媒介和传播内容策动传播，即智能技术构建以需求为中心的动态信息网络，其中算法通过联结价值关系形成价值判断框架并进一步形塑网络传播，而智能推荐则影响公共空间的意见表达。新一代智能技术是数据和知识的"双轮驱动"。认知技术是进化的，而不是革命性的。希尔维亚·陈-奥姆斯特德（Sylvia M. Chan-Olmsted）认为，媒体行业要将智能技术应用于为人类提供综合、复杂的判断，还有很长的路要走。人工智能在媒体中的价值主要在于功能的改进，而不是替代。在实施专注于让人类更有效地创造和制定战略的应用时，要不断审视人工智能的进化本质。社会信息传播机制塑造现代社会的结构、形态和运行，也决定着社会风险与危机模式。卢西亚诺·弗洛里迪（Luciano Floridi）认为智能技术是典型的"三级技术"，作为使用者的技术与作为敦促者的技术一旦被媒介技术关联在一起，也即"技术—技术—技术"的连接方式，技术就会开始呈指数级发展。从本质上来说，"三级技术"（包括物联网）的目的在于，将低效率的人类媒介从技术循环的回路中去除。尽管从效率上讲，智能传播超越了人的环节而在效率上实现了革命性的突破，但从另一角度看，智能技术也可以在很大程度上脱离人的直接控制，尤其是现有社会法律和制度的制约。

在资本单向度的驱动下，这种"失控"现象，目前已经初露端倪。

智能技术的大规模使用有着巨大的外部性,无论是正面还是负面。而对于体现巨大负外部性的智能鸿沟问题,世界各国都应该将其摆在议事日程中最优先的位置。随着智能技术成为信息生态系统的工具,监管机构已经着手解决诸如"机器学习中的公平性""问责性""算法透明度"和"可解释性"等问题,各种"人工智能道德"方法也已经成为学术界和政策制定者关注的焦点。

算法传播不仅加剧了世界数字鸿沟程度,操控着国际议程设置,还对全球秩序造成威胁。当前,算法推荐已经渗入信息生产的各环节,它带来的技术、社会和伦理等问题成为各界关注的焦点。算法推荐以数据收集为基础,以决策运作为机理,通过数据运算,为用户提供决策参考的技术,其主要有协同过滤推荐、基于内容的算法推荐和混合算法推荐三种类型。其在拥有智能化、便利化和个性化等特点的同时,也存在算法推荐语境下信息内容野蛮生长、信息传播自我封闭以及暗箱操作的潜在风险,容易引发价值观导向错乱、"信息茧房"与群体极化、算法垄断与算法歧视等诸多社会风险。

围绕 AI 治理的动员到目前为止一直处于数字权利和技术驱动的议程中,该议程突出了个人权利,并侧重于技术本身的性质。这一议程缺乏实质性的参与,涉及集体权利、不公正的实际情况以及嵌入技术的斗争经历。人工智能技术的快速发展,不仅带来一系列的法律、政策和伦理方面的挑战,而且对媒体的未来也至关重要。特别是,全球数字平台的作用不仅受到传统媒体企业的质疑,也受到立法者的质疑。这些平台在发展媒体实践和构建自身权利和责任方面具有极大的影响力,例如在版权或数据保护领域。尽管立法框架处于不断变化的状态,但仍落后于现实生活的发展。事实上,许多政策和立法解决方案都是在零碎的基础上运作的,遵循着片面的经济逻辑。人工智能伦理的主流规范性原则从根本上与权力和特权的讨论有关,这是由谈判数据驱动行业规则的竞争力量之间的相互作用所预示的。

(二)智能媒体治理的规则与实践

1. 全球智能媒体治理趋势

针对数据驱动的智能传播的治理挑战,最早做出回应的是欧盟以及总部在巴黎的联合国教科文组织。2018 年欧盟《通用数据保护条例》开启了全球个人信息保护的制度先河和样板,随后是在2020 年发布针对平台治理的《数字市场法》草案,接下来第三个数字治理里程碑就是 AI 和算法治理。2021 年 4 月 21 日,欧盟首次发布针对人工智能技术的监管法规草案,预计最快会在 2022 年真正形成具有约束力的正式法规。

2021 年 11 月 24 日,联合国教科文组织 193 个成员正式通过了首份关于人工智能伦理问题的全球性协议——《人工智能伦理问题建议书》，提出发展和应用人工智能首先要体现出四大价值，即尊重、保护和提升人权及人类尊严，促进环境与生态系统的发展，保证多样性和包容性，构建和平、公正与相互依存的人类社会。这是人类一个里程碑式的历史文献。只是这份倡议缺乏约束力，真正能够发挥多大的效用，依然存疑。

具体到智能媒体治理，目前全球治理的焦点主要围绕算法推荐。欧盟的重点就是推动《数字服务法》和《数字市场法》的尽快落地。《数字服务法》侧重于加强数字平台在打击非法内容和假新闻及其传播方面的责任；《数字市场法》则是反托拉斯法在数字领域的拓展和体现。2022年1月20日，欧洲议会以530票赞成、78票反对、80票弃权的表决结果通过《数字服务法》，要求平台构建打击非法内容的对应机制，包括允许用户标记不良内容和"受信任"的服务商、必要时对用户删除的内容进行回溯等。同时，法案还为用户投诉平台内容审核机制提供法律保障。法案推动平台信息透明化包括推荐算法的公开、对平台风险管控系统进行独立调查等。根据该法案，未能有效监管非法内容的公司最高将面临全球年营业额6%的罚款。2022年3月24日，欧洲议会、欧洲理事会和欧盟委员会就《数字市场法》达成一致，为这项针对全球科技巨头的竞争监管法规生效奠定基础。《数字市场法》专门针对超大型网络平台（也就是守门人），包括市场和应用商店、搜索引擎、社交网络、云服务、广告服务、语音助手和网络浏览器。针对软件、内容、数据、流量等层面设置一系列行为规范。如果守门人违反立法规定的规则,则可能面临高达其全球总营业额 10％ 的罚款。对于再犯,可能会被处以高达其全球营业额 20％ 的罚款。

美国众议院两党立法者组成的小组提出《过滤气泡透明度法案》,该法案要求在线平台向用户提供不使用个性化算法推荐的选项。其中,搜索结果排序、个性化内容推荐、社交媒体帖子呈现等都被包含在内。该法案在众议院和参议院得到了两党的支持,目前还在推进过程中。

2. 中国智能媒体治理实践

目前,中国已经开启了对智能媒体治理的进程。《互联网信息服务算法推荐管理规定》(以下简称《规定》)于 2022 年 3 月 1 日起施行。“以主流价值导向驾驭算法”成为《规定》核心规则的重要体现,针对具有“舆论属性或者社会动员能力”的算法推荐服务明确了建立算法分级分类安全管理制度和针对性监管的要求。

《规定》第二十三条规定:“根据算法推荐服务的舆论属性或者社会动员能力、内容类别、用户规模、算法推荐技术处理的数据重要程度、对用户行为的干预程度等对算法推荐服务提供者实施分级分类管理。”第二十四条规定:“具有舆论属性或者社会动员能力的算法推荐服务提供者应当在提供服务之日起十个工作日内通过互联网信息服务算法备案系统填报服务提供者的名称、服务形式、应用领域、算法类型、算法自评估报告、拟公示内容等信息,履行备案手续。"此外,另行规定了"具有舆论属性或者社会动员能力的算法推荐服务提供者通过隐瞒有关情况、提供虚假材料等不正当手段取得备案的",应当承担的法律责任。

《规定》以算法审查、算法透明、推荐算法备案、算法可解释性为治理的重点:一是如何将抽象的人工智能伦理原则转化为不断细化的法律规范;二是如何将法律法规转化为具体实践,落实到技术、产品和应用中去;三是如何借助新的智能技术和治理工具,构建新的治理模式和机制,形成良好的治理能力。

随着《规定》的实施,一系列相关制度与配套政策也开始跟进。2022 年 3 月 2 日,国家网信办发布《互联网弹窗信息推送服务管理规定(征求意见稿)》,规定互联网弹窗不得推送《网络信息内容生态治理规定》明确的违法和不良信息,特别是恶意炒作娱乐八卦、绯闻隐私、奢靡炫富、审丑扮丑等违背公序良俗的内容;不得关联某一话题集中推送相关旧闻,恶意翻炒。同时,未取得互联网新闻信息服务许可,不得弹窗推送新闻信息;弹窗推送信息涉及其他互联网信息服务,须依法经有关主管部门审核同意或者取得相关许可。

智能媒体的算法治理与数据治理相辅相成,有着不同侧重,也有着高度的重合与契合,密不可分。相比之下,数据治理的相关配套规范和制度已经相对完善。2021 年 11 月 1 日,《中华人民共和国个人信息保护法》正式实施,针对媒体在个人信息处理方面作出具体规定。如媒体发布的新闻报道若涉及传播公民个人隐私和敏感信息,将会面临承担法律责任的风险。2021年8月1日,《最高人民法院关于审理使用人脸识别技术处理个人信息相关民事案件适用法律若干问题的规定》正式实施。2021年9月1日,《中华人民共和国数据安全法》正式施行。

我国一系列政策的出台,回应了数字时代发展和社会公共诉求,其目标是更好地迎接智能时代的到来,并在人工智能重构信息传播机制的大潮下,更好地重塑智能时代社会信息传播的新秩序。

3.长三角智能媒体治理探索

智能媒体治理将成为2022年治理热点、重点和难点,也将是下一个十年深远影响产业、社会与治理的关键领域。长三角数字化改革和治理的进程,需要形成新的突破点,其中智能媒体治理将是难得的契机。

2021年,央视"3·15"晚会报道了阿里巴巴旗下UC浏览器存在违规广告内容。针对媒体曝光的代理商违规操作问题,UC浏览器方面表示即刻停止与相关代理商的合作,严格清查相关违规行为。同时,对代理商管理机制开展全面自查自纠,并启动追责机制。2021年8月27日,优酷发布《关于开展清朗·商业网站平台和"自媒体"违规采编发布财经类信息专项整治行动的公告》,针对近期网上屡屡发生的"自媒体"歪曲解读经济政策、唱衰唱空金融市场、造谣传谣、敲诈勒索等违法不良现象,将集中处理歪曲财经政策、唱衰中国经济、恶意唱空或哄抬个股价格、扰乱市场秩序等八类违规行为,并公布了举报邮箱,呼吁全网共同监督。

根据黑猫投诉平台提供的信息显示,关于拼多多的投诉高达24万多条,其中包含了大量虚假宣传、产品质量等问题。为整治拼多多砍价、拉新、低质产品乱象的问题,监管正式出手。拼多多遭上海市消费者权益保护委员会约谈,并且指出了拼多多存在的主要问题:商品质量、假冒侵权、虚假发货、售后服务、砍价拉新等问题,并且要求拼多多摒弃"流量思维",从保护消费者的合法权益出发落实平台的主体责任。此外,近年来,直播电商产业快速发展,网络交易场景不断拓宽,新的网络交易生态圈不断形成。相应地,假冒伪劣、虚假宣传、刷单炒信、虚构流量等直播乱象也时有发生。针对直播电商的突出问题,2021年12月,全国首个"直播电商数字治理平台"在浙江省杭州市上城区上线试运行,为直播电商的综合治理、打造绿色直播间提供了样本。

人工智能时代的平台监管,既应符合平台底层的技术逻辑,也应符合主客观相一致、责罚相适应的法律原则。作为算法推荐服务提供者的平台企业要强化责任意识,对算法应用产生的结果承担起算法安全的主体责任。而对于智能媒体治理而言,更需要政府发挥主导性作用,强化反垄断和防止资本无序扩张,扭转智能技术过去单纯利益驱动的资本逻辑,这就需要极大强化公共利益驱动的利益相关方参与,真正树立算法透明的基本意识,形成治理与监督机制。通过一系列地方法规、最佳实践和典型案例,形成具有长三角特色的智能媒体治理体系。

(三)长三角智能媒体治理建议

智能媒体的治理,其意义不应仅局限在媒体层面,而应将其作为整个算法治理和 AI 治理的基础。算法治理和 AI 治理的基础理论、底层机制和内在逻辑,都基于社会信息传播机制和范式的重大创新和转变。因此,进一步深入总结智能媒体的治理理念、治理模式和治理体系,至关重要。

随着社会生活数据化程度的不断提高,人们普遍认识到,以数据为中心的智能技术的快速发展和部署具有重大的变革意义,但关于这些技术是什么以及应该如何解决技术发展带来的问题仍然有待商榷。近年来,人们投入了大量精力和资源来推动"数据伦理"和"AI 伦理"。重点从关注如何将信息作为计算的输入和输出,转向关注人们如何访问、分析和管理数据。在伦理框架下,行业、政府和社会的各种举措激增,这些举措制定了不同的指导方针和程序,关注以数据为中心的智能技术的开发、处理和部署。显然,今天给社会信息传播带来全新变革的,就是数据驱动的不确定性智能。未来第三阶段的智能涌现,肯定会给信息传播带来更大的变革,这值得关注,但是还比较遥远。因此,这一轮智能媒体治理的重点还是围绕不确定性智能技术条件下的各种问题,提升智能技术的确定性、算法的可解释性,以及智能媒体底层要素——数据的开放、透明与合理使用。

智能媒体的治理问题,一方面,其复杂性和难度在于数据背后的众多利益相关方。所以,多方共治的模式成为必由之路,为避免决策者和从业者脱节,政府、行业、公众等主体应在各自的层级建立保障措施。另一方面,覆盖算法应用全周期、全场景、全流程的分类协同治理机制,是一个高度复杂的制度体系。

智能媒体代表着互联网新媒体发展的全新阶段,体现了新的技术变革,代表了新的生产力和生产方式。因此,智能媒体的治理也需要有全新的基础理论和制度框架(见表5-1)。与过去互联网驱动的媒体变革不同,今天智能媒体的发展和治理几乎齐步,呼应了当下互联网在人类社会中前所未有的影响力,也呼应了互联网技术发展带来的各种挑战和危险。

表 5-1　社会传播机制、媒体形态与治理的演进与比较

传播机制	媒体形态	典型代表	核心驱动	治理关键
网络传播	网络媒体	新浪、搜狐、网易	内容驱动	内容审核
社交传播	社交媒体	微信、微博	用户驱动	用户规范
智能传播	智能媒体	抖音、健康码	数据驱动	数据治理

首先,在很长时间之内,智能媒体治理的突破,将有赖于新的基础理论的突破。长三角地区一直处于传统媒体和社交媒体的中心之外,那么,在新的一轮智能媒体浪潮中我们可以把握哪些重大的战略机会?更加完善、先进的智能治理制度应该如何创新?长三角地区可以在哪些理论创新方面长远布局?构建长三角地区智能媒体发展和治理的研究联盟,既可以助力长三角高等院校在智能时代实现弯道超车,也可以更强有力地支撑长三角地区的发展与治理的前沿研究。

其次,智能时代更是全球化的新阶段。智能媒体的发展与治理,也是全球最具挑战、最富有前沿性的重大课题。在理论研究和制度建设方面,欧洲呈现了独特的底蕴优势。同时,欧洲也是引领不同国家互联互通、共享共治的全球缩影。以数据为核心的智能治理,在超越地理边界的数据跨境流动和制度互通,以及依然强化地域属性的国家与社会治理方面,需要诸多突破性的制度创新和最佳实践。包括智能媒体治理在内的智能治理,需要全球的联手与合作。中国、欧洲和美国,这三大关键区域在智能治理方面,应当早日布局,早日推进。

最后,智能媒体除了相对独立的形态之外,更大的发展空间是将其融合在各行各业的数字化应用之中。数据驱动的智能技术,在电子商务、金融服务、生活服务、数字政府和数字社会治理中,都开始显示独特的创新力。长三角地区在不少领域具有引领性的地位,因此可以早日着手构建政府、企业、高校和社会多方协同共治机制，通过每年各区域的最佳实践竞赛和评选，在制度创新中先行先试。

　　总之，互联网发展已经进入新的阶段，新的潜能和新的挑战几乎同时涌来。过去 30 年，中国互联网通过早期追随美国，以及 2010 年后发挥本土化的固有商业敏锐度，到了今天的智能时代，我们前方的视野中再也没有唾手可得的参考样板，也没有传统的经验帮我们确保成功。智能媒体治理的成功在很大程度上取决于先进的治理思想与理念的引领，这不仅是智能技术发展和应用的关键，也是智能媒体治理的成功秘诀。互联网发展已经走过了野蛮生长期，走过了资本无序扩张的阶段，进入了理性治理和制度创新的新阶段。在这种新形势下，长三角围绕新兴的智能媒体治理，以加强数字法治建设的方式，实行智库先行，追踪欧美制度创新与进程，着眼基础理论的创新与突破，以理论和思想突破为牵引，引领产业发展和社会进步。

六、数据安全治理

（一）数据安全治理的现状

数字经济是百年未有之大变局的关键变量，数据作为数字经济的源泉，逐渐发展成为国家基础战略资源。然而，当今全球数据安全风险与日俱增，给经济、政治和科研等领域带来严峻挑战，全球数据安全治理需求迫在眉睫。近年来，我国积极借鉴国际先进经验，结合自身国情推动各行业数据安全治理，在《科学数据管理办法》、《关于构建更加完善的要素市场化配置体制机制的意见》以及"十四五"规划等高层设计中均突出了数据安全治理是发展数字经济重要保障的内涵。但由于我国在数据安全治理方面起步较晚，目前仍存在体系架构不完整、法律保障薄弱、国际合作欠缺等问题。法治是数据安全治理的基本方式，我国需要正视当下数据安全治理的严峻形势，跟进全球数据安全治理脚步，深入挖掘和分析数据安全影响因素，科学规划数据安全治理策略，不断推动数据安全治理的法治化进程。

1. 数据安全治理形势严峻

第一，高价值数据频繁泄露。黑客恶意窃取和商家违法贩卖是数据泄露的主要途径。2021年1月，中国裁判文书网发布了对北京智借网络科技有限公司的判决书,该公司在未取得用户同意的情况下向多家信息服务公司出售用户个人信息,非法盈利超过 316 万元,导致用户姓名、身份证号、手机号等隐私信息泄露,造成不良社会影响。

第二,数据滥用常态化。数据持有者利用用户的身份信息、活动地理范围、消费偏好等碎片化数据,通过数据挖掘与分析来预测用户的其他个人信息,例如生活习惯和兴趣爱好等。这导致出现多类数据滥用而引发的恶劣后果。一是"大数据杀熟"愈演愈烈。例如,上海携程商务有限公司根据用户特征进行区别定价,侵犯消费者的知情权和公平交易权。二是"信息茧房"无处不在。五花八门的推荐系统使人们更多地被动接受符合自身喜好的资讯与内容,信息汲取范围受到限制,使得社会上不同群体的意识鸿沟不断扩大。

第三,新型应用带来新风险。个人数据被过度采集。包括人脸、指纹、声纹等在内的生物特征信息通常具有唯一性,一旦被泄露或者滥用会对公民权益造成严重影响。2020 年 2 月,面部识别应用服务公司 Clearview AI 向外证实自己遭遇了未经授权的入侵,其数据库中包含 30 亿张人脸数据,而 Clearview AI 的客户不乏美国移民局、司法部、FBI 等重要执法机构。以此为鉴,在推广人工智能等相关应用的同时,也应强调和关注其可能带来的新型数据风险。

第四,数据安全治理不到位。数据安全相关法律政策有待完善以及相关法律制度缺少协同性。在法律制度方面,我国当前主要法律依据包括《网络安全法》《数据安全法》《个人信息保护法》《科学数据管理办法》《信息安全技术 政务信息共享 数据安全技术要求》等。它们为数据安全治理体系建设提供了基础保障,但在应对日益严峻的数据安全形势时仍存在立法涵盖面小、效力层次低的问题。在法律制度协同性方面,每个地区或部门的数据管理规范相对独立,治理水平参差不齐。在数据的分级分类方面,尚不存在统一的规范制度,难以应对跨地区和跨部门的数据犯罪。

2. 数据安全治理的内涵与外延

《中华人民共和国数据安全法》第三条将数据安全定义为"通过采取必要措施,确保数据处于有效保护和合法利用的状态,以及具备保障持续安全状态的能力。"概括来说,网络时代的数据安全指代静态的数据、应用系统的安全,主要防护关键是基础设施、数据载体和数据自身,而新时代的数据安全除了上述内涵外,还包括数据使用安全、内容安全等动态安全。

数据安全治理本质上为组织内部从政策层面到技术层面的数据安全保障体系,专注于数据生命周期安全的管理和技术防护措施,保证数据处理的合规和合法性。随着数字化发展,数据安全治理的内涵不断拓展。2021 年 3 月,《世界银行报告》指出,数据安全应从国家和国际两个角度实施治理:国家角度指政府应充分了解各行利益诉求与数据安全之间的矛盾,完善相关法律法规以保障数据的安全使用;国际角度指应当加强各层级范围的国际合作,推进数据治理的协调统一。对我国而言,数字安全治理需从国家政策、监管方式、产业生态、国际合作等多个维度全方位分析,提出适应我国国情的数据安全治理道路,推动数字法治建设。

3. 数据安全治理的意义

时至今日,数据安全不再局限于个人隐私,更关乎国家竞争力、社会稳定性和人民幸福感,数据安全治理已成为最亟待政府解决、最需要企业配合、最值得公众关注的数字经济时代新议题。

首先,数据安全治理是国家安全的重要组成部分。网络空间是继陆地、海洋、天空和外空之后的第五大空间,保障网络空间安全在当今是多数国家的共同目标。其中,数据是信息在网络空间内的载体,所以维护数据安全和推动数据安全治理是保障网络空间安全的基本要求。当下,国家间的博弈与竞争形态正在加速转型,数据安全逐渐成为国家安全战略的重要组成部分,对维护国家主权安全起着支撑性作用。

其次,数据安全治理是数字经济发展的根本保障。根据信通院在 2021 年 8 月发布的《全球数字经济白皮书——疫情冲击下的复苏新曙光》显示,即使是在新冠肺炎疫情形势严峻的大环境下,47 个国家的数字经济增加值规模达到 32.6 万亿美元,占 GDP 比重为 43.7%,全球数字经济仍实现了稳步发展。2022 年 1

月国务院印发的《"十四五"数字经济发展规划》指出,以 2025 年数字经济核心产业增加值占国内生产总值比重达到 10％ 为目标,展望 2035 年,力争形成统一公平、竞争有序、成熟完备的数字经济现代市场体系,数字经济发展水平位居世界前列。上述发展规划需要依赖于完善的数据安全治理体系。只有切实保障数据安全,数字产业相关的组织与客体才能稳步发展,进而推动数字经济增长。

最后,数据安全治理是个人信息保护的坚实后盾。新时代下,服务提供商掌握着海量的个人信息,并不断尝试从这些信息中挖掘利益,这个过程难免造成个人隐私泄露或资产损失。由政府推行的数据安全治理可以要求各组织与客体在处理个人信息前以现有的法律法规为基准进行合规性评估,以行业标准为依据进行安全性评估,有效保护个人信息安全。另外,政策支持的数据安全治理,有利于督促企业针对性地加快个人信息制度流程建设和相关技术进步,为个人信息保护提供坚实保障。

(二)数据安全治理相关立法

1. 国际上数据安全与治理愈加严苛

数字化改革在带来便利与价值的同时,也带来了诸多风险,如数据泄露和数据滥用。数字法治作为解决数据安全威胁的重要手段,已经被各国提上日程。表 6-1 罗列了部分典型代表。

表 6-1　数据安全治理相关法律与政策

国家或地区	数据安全治理法律与政策	简介
美国	《澄清海外合法使用数据法案》	2018 年 3 月通过,构建了以数据控制者实际数据控制权限为衡量依据的标准框架
	《加州隐私权利法案》	2020 年 11 月通过,2023 年 1 月生效,对其进行补充与扩展
欧盟	《通用数据保护条例》	2018 年 5 月生效实施,史上最严厉、影响范围最广的数据保护条例,为多个国家地区相关法律制度的制定提供参考
	《数据治理法案》	2020 年 11 月发布拟议草案,旨在完善相关法规以促进公司间及公司与政府间的数据共享
	《数字服务法》	2020 年 12 月发布草案,2022 年 1 月 20 日通过,目的是保护消费者及其在网络上的基本权利,建立在线服务的问责制度框架
	《数据法案》	2022 年 2 月发布,确保工业数据在共享、存储和处理三个步骤中完全符合欧洲规则,刺激数据市场,使数据的获得更容易
英国	《新数据保护法案》	2017 年 9 月发布,该法案的出台主要是为了配合《通用数据保护条例》在英国的落地
韩国	《个人信息保护法》	2011 年 3 月制定,2011 年 9 月实施,2020 年 1 月修正,韩国第一部真正意义上的数据保护法律

国家或地区	数据安全治理法律与政策	简介
日本	《个人信息保护法案》	2003 年 5 月发布,2005 年 4 月实施,2021 年 5 月修正,该法案将原有的《个人信息保护法》《行政机关保有的个人信息保护法》和《独立行政法人等保有的个人信息保护法》整合为一部法律
印度	《个人数据保护法案》	2019 年 12 月发布,该法案参照欧盟《通用数据保护条例》制定,是印度第一次全面规定个人数据保护细则
巴西	《通用数据保护法》	2020 年 8 月生效,以欧盟《通用数据保护条例》为蓝本,是拉丁美洲第一个全面的通用数据保护法
加拿大	《2020 年数字宪章实施法》	2020 年 11 月发布,赋予个人数据披露权、删除权、撤回同意权以及数据移动权等权利

(1)美国

美国已经有一系列联邦数据法案来保护和规范个人数据的收集和使用,其中以 2018 年 3 月份签署生效的《澄清海外合法使用数据法案》为代表。该法案打破了以往跨国数据类证据调取过程中遵循的数据属地管辖模式,构建了一套全新的以数据控制者实际数据控制权限为衡量依据的标准框架,尝试解决数据证据跨境流动问题。

与此同时,美国各州也不断出台和完善各自的数据法案。2018年 3 月曝光的剑桥分析公司滥用消费者信息事件,使美国民众要求立法加强消费者隐私保护。根据这一要求,2018 年 6 月美国加利福尼亚州政府通过了《消费者隐私保护法案》(CCPA),于 2020 年 1 月正式实施。该法案的诞生使得诸如 Facebook 和 Amazon 等科技公司不得不改变在加州处理数据的方式。它们面临着严格的隐私保护要求,包括披露其收集的关于消费者的个人信息的类别和具体要素、收集信息的来源、收集或出售信息的业务目的以及与之共享信息的第三方的类别等,一旦企业违反隐私保护要求,将面临支付给每位消费者最高 750 美元的赔偿金。作为美国历史上最全面且最严厉的个人隐私保护法案,CCPA 确立了消费者信息处理的基本规则,包括采集、保存、出售和访问这四方面。CCPA 还赋予消费者知情权、访问权、删除权、选择权和公平交易权等多项信息权益。CCPA 规定由加州总检察长负责该法案的施行,并对由于企业违反义务而未实施和维护合理的安全程序来保护未加密或未经编辑的个人信息,因而导致个人信息遭受未经授权的访问和泄露、盗窃或披露等情况时,执法部门如何开展调查处理以及诉讼流程作了明确规定。法案规定将相关罚款的 20% 存入"消费者隐私基金",用于抵消州法院和州检察长因实施 CCPA 所产生的成本。

2020 年 11 月,加州政府又通过了《加州隐私权利法案》(CPRA),该法案是对 CCPA 的修正和扩展,为加州居民确立了新的数据隐私权,对企业和服务提供商施加了新的义务和责任,并将创建一个独立的数据监管机构"加利福尼亚隐私保护局"来保障

CPRA 的实施。

（2）欧盟

欧盟于 2018 年 5 月生效实施《通用数据保护条例》（GDPR），取代了原有的《欧盟数据保护指令（95/46/EC）》，以加强数据保护来促进欧盟数字经济发展。GDPR 可直接适用于整个欧盟，不需要进行任何转换，有效解决了国家之间的差异性问题和效力问题。与此同时，欧盟还出台一站式监管模式，即根据企业的所在国来确定数据监管机构，由当地的数据保护机构进行统一的管辖，增强 GDPR 的执行力。在 GDPR 实施后，法国国家数据保护委员会对 Google 进行合规检查，发现其剥夺了用户自主处理相关操作的权利，且相关的违法行为并不是一次性、短时间的侵权行为，由于情节恶劣最终对 Google 处以 5000 万欧元的罚款。GDPR 实施之初极为严格，大量网站、服务商因无法满足要求而关停，如捷克最大搜索引擎 Seznam、在线游戏企业 Gravity Interactive 等。但从积极角度来看，GDPR 使得公民只要提供最少的信息即可获得相应的服务，确保用户的个人数据和意愿得到充分的尊重和保护。GDPR 作为史上最严格的数据保护条例，虽然并不完美，但对各国家和地区推进数据安全治理有着重要的借鉴意义。

欧盟委员会于 2022 年 2 月 23 日正式公布《数据法案》草案，涉及数据共享、公共机构访问、国际数据传输、云转换和互操作性等诸多方面的规定，监管对象主要包括互联网产品的制造商、数字服务提供商和用户等。GDPR 的推出主要是为了加强数据保护,而《数据法案》在此基础上强调了数据高效、安全共享,将强制微软、苹果、特斯拉等科技巨头分享更多数据。该法案主要包括三块内容:一是界定了公共部门使用数据主体的相关数据的权利和约束,完善了企业对政府数据共享规则的结构和专用功能;二是系统构建了企业对企业数据共享的权责体系和实现路径,切实推动产业价值链上的企业数据流通与共享;三是在合作公平、数据交换、云服务互操作、数据跨境、中小微企业豁免等方面做出详细规定。《数据法案》是欧洲释放大量工业数据的重要一步,将成为欧洲数字经济的基石。

(3)其他地区

在投票脱离欧盟后,为配合将于 2018 年正式实施的 GDPR 及相关法规在英国的落地,英国数字、文化、媒体和体育部于 2017 年 8 月发布了一份名为《新数据保护法案》的报告。2017 年 9 月,英国政府公布了法案的文本。旨在对原有《数据保护法案》框架进行修改和完善。《新数据保护法案》在原有法案中知情同意权和数据获取权等个人数据权利的基础上,新增加了数据可携权和被遗忘权两项权利,即消费者被允许在不同服务提供者之间转移自己的数据或要求其擦除个人数据,进一步强化个人对数据控制的权利。新法案还规定了用户画像,从不同维度准确描绘用户属性。为强化监管,英国个人数据保护机构信息专员办公室(ICO)获得包括调查权、民事处罚权、刑事追责等权力来维护消费者利益,并可对违规行为执行最高 1700 万英镑或全球营业额 4% 的罚款。

随着印度数字化的迅速发展,印度政府认为制定顺应时代的数据保护法案是大势所趋,因此在 2019 年 12 月通过了《个人数据保护法案》。该法案融合了原有的《2000 年信息技术法》《印度数据保护框架白皮书》《2018 年印度个人数据保护法草案》,提出在平衡公民利益、贸易和工业利益以及国家利益的基础上保障个人数据安全,并对印度各邦的法律具有优先效力。该法案多方位借鉴GDPR,规定了宽泛的涉外管辖范围,明确目的限制、知情同意和透明度等原则,并采取严厉的惩罚措施。

2. 国内数据安全治理立法加强

与我国数字经济的迅速发展相比,数据安全治理水平仍较为滞后。为缓解数字经济发展过程中显现的安全问题,我国近年来陆续出台了一系列法律、行政法规及部门规章。

(1)相关法律

《中华人民共和国网络安全法》(以下简称《网络安全法》)于 2016 年 11 月 7 日通过,自 2017 年 6 月 1 日起施行。《网络安全法》的立法定位是网络安全管理的基础性保障法,规定网络产品和服务提供者在收集用户信息前应向用户明示并取得同意,后续不得泄露、篡改和毁损收集所得的用户信息。另外,《网络安全法》明确规定网络运营者应当要求用户提供真实身份信息后,再为其办理网络接入、域名注册服务,办理固定电话、移动电话等入网手续,或者提供信息发布、即时通讯等服务,推动"网络实名制"的实施,有效保护和引导互联网用户。更为重要的是,《网络安全法》在第三章第二节对关键信息基础设施的运行安全做了九条规定,包括重点保护重要行业和领域关键信息基础设施,明确相关部门指导和监督职责分工,强调安全技术措施同步规划、同步建设、同步使用,罗列关键信息基础设施运营者安全保护义务等。《网络安全法》的实施影响广泛,是我国网络空间安全法律体系的重要组成,是依法治国精神在数字经济时代的具化呈现。

《中华人民共和国数据安全法》(以下简称《数据安全法》)于2021年6月10日通过,自2021年9月1日起施行。《数据安全法》鼓励数据依法利用,保障数据有序流通,强调数据安全治理的重大意义,并将数据安全上升为国家战略。《数据安全法》与以往法律的不同之处在于,它结合我国国情首次绘制出数据安全整体布局,指出应基于总体国家安全观,构建健全的数据安全治理体系,为我国后续出台相关政策和实施相关措施提供了明确指导。《数据安全法》指出中央国家安全领导机构应指导实施国家数据安全战略,研究制定方针政策,统筹协调数据安全工作开展;数据安全相关主体有保护数据安全的义务,其违法行为将被追究相应法律责任。整体来看,《数据安全法》是彰显国家数据主权的依据,是建立健全数据安全治理体系的起点,是保障我国数字经济发展和各层级数据安全的基础法。

《中华人民共和国个人信息保护法》(以下简称《个人信息保护法》)于 2021 年 8 月 20 日通过,自 2021 年 11 月 1 日起施行。《个人信息保护法》系统性考虑个人信息生命周期,从收集、存储、使用、加工、传输、删除等角度出发,明确组织和个人在处理个人信息过程中的规则与限制,强调国家对内应建立健全个人信息保护制度,对外应积极参与国际个人信息保护规则的制定。《个人信息保护法》的施行能有效推动由政府、企业、社会组织和公众共同参与的个人信息保护生态建设,这也是我国第一套系统的个人信息保护法律。

(2)相关行政法规与部门规章

《互联网信息内容管理行政执法程序规定》(以下简称《规定》)于 2017 年 5 月 2 日通过,自 2017 年 6 月 1 日起实施。《规定》明确各级互联网信息办公室为互联网信息内容管理行政执法的主体,并承担规范相应的行政执法职责,以保障互联网信息服务长期稳定发展。《规定》明确网信内容管理部门建立行政执法督查制度,并应加强执法队伍建设,以保障《规定》的有效实施。另外,《规定》从执法程序角度出发规范了管辖、立案、调查取证、听证、约谈、处罚决定、执行与结案的具体要求,为办案人员提供充足依据。整体来看,《规定》有利于统一网信执法标准,规范网信执法行为,提高网信执法公信力。

《网络数据安全管理条例(征求意见稿)》(以下简称《条例》)于

2021 年 11 月 14 日发布,意见反馈截止时间为 2021 年 12 月 13 日。《条例》是对《网络安全法》《数据安全法》和《个人信息保护法》三部上位法中相关规定的补充和细化,其目的是为了推进三部法律的落实并增加它们的可操作性。《条例》适用于境内服务提供和重要数据处理、个人和组织行为分析评估、法律法规制定等情形,强调数据开发利用与安全保障并重,指出国家应建立数据分类分级保护制度,明确数据处理者履行数据安全保护的义务。《条例》发布对规范网络数据处理、保护个人和组织合法权益等方面有着积极意义。

现阶段,我国积极推动数据安全法治建设,但依然存在立法体系不够完善、数字技术研发创新能力薄弱、国际合作不足等问题。因此,如何准确把握国际数据安全问题趋势,扩大自身对全球数据安全治理的影响范围,找出一条适合自身国情的数据安全治理道路,对于我国数字经济稳步发展有着重大意义。

3. 长三角地区加速推进相关法律与政策实施

长三角地区作为中国数字经济发展最活跃、开放程度最高、创新能力最强的区域之一,在国家推动数据安全治理的战略中具有举足轻重的地位。为响应国家数据安全与治理的号召,长三角各地区出台了一系列条例办法,以推动数字化安全转型、数据资源更好赋能区域经济发展。

(1)《上海市数据条例》

《上海市数据条例》于 2021 年 11 月 25 日通过,自 2022 年 1 月 1 日起施行。该条例以保障数据相关方权益为主线,以保护促进数据流通利用为焦点,以规范推动数据安全管理为目标。该条例细致规定了对个人信息的特别保护,同时提出了公共数据开放共享落实要求。值得关注的是,该条例建议有关部门应重视数据人才的引进和培养。对于人才引进,该条例提出需将高水平人才纳入人才支持政策体系,完善专业技术职称体系,科学制定评价与激励机制,健全数据人才服务和保障机制。对于人才培养,条例指出要推动数据安全学历教育、继续教育和职业技能培训,提高数据处理岗位人员的专业技能。随着《上海市数据条例》的实施,上海市将充分发挥自身地理位置、产业发展等领域的优势,积累更多个人信息保护、公共数据共享的实践经验,成为全国数字经济发展和数据安全治理探索的先锋。

(2)《江苏省公共数据管理办法》

《江苏省公共数据管理办法》于 2021 年 12 月 14 日通过,自 2022 年 2 月 1 日起施行。该办法明确公共数据是重要生产要素,应当遵循政府统筹、应用牵引、便利服务、保障安全的原则。为推动公共数据依法安全有序开放,该办法按照开放属性将公共数据分为不予开放、有条件开放和无条件开放三种类型,而公共管理和服务机构之间共享公共数据应当以共享为原则、不共享为例外,无偿共享公共数据。为应对跨区域数据共享和安全治理困难问题,该办法建议长三角区域合作制定公共数据区域一体化标准体系,促进数据要素市场一体化发展,提升长三角地区数据治理现代化水平。综合而言,《江苏省公共数据管理办法》对加速江苏省数字政府建设,提升各部门公共服务水平,推动数字经济发展等方面具有重要意义。

(3)《浙江省公共数据条例》

《浙江省公共数据条例》于2022年1月21日通过,自2022年3月1日起施行。该条例从公共管理和服务出发拓展公共数据范围,明确各授权组织、运营单位在依法履行职责或者提供公共服务过程中产生的数据均属于公共数据,提出公共数据管理应坚持中国共产党的领导,需做到科学分类分级和发展安全可控。截至2021年底,浙江省已归集了838.5亿余条公共数据,总量位于全国前列。《浙江省公共数据条例》致力于推动公共数据规范收集和充分利用,结合区域政治、经济、文化特色给出了数据共享破解信息孤岛、数据应用赋能基层、数字治理保障和数据安全等共性难题的浙江解法。

长三角地区就数据安全治理建设做出了表率,充分结合自身区域情况制定实施政策。但长三角地区目前仍然没有给出更统一的数据安全治理架构,这给联合治理带来困难与挑战。此外,数字时代技术日新月异,这对数据安全治理政策的及时更新与查漏补缺提出了更高要求。

（三）数据安全与治理的保障体系架构

数据安全与治理需要技术的保障。数据安全与治理的保障体系架构包括数据权属与分类分级、数据全生命周期安全管控、数据安全审计与防护手段、隐私保护与安全计算技术等内容。

1. 数据权属与分类分级

明确数据权属是保障数据所有者利益的关键。从不同主体角度出发，可以将数据权划分为数据主权和数据权利。从国家或政府角度来看，数据主权可细分为数据管理权和数据控制权，即国家需要对不同领域、不同层级主体间的数据实现宏观调控和纠纷管辖，并保障数据不受侵犯。从企业或个人角度来看，数据所有者应对数据享有数据财产权和数据人格权。数据财产权体系的确立是构建数据交易市场的基本保证，而数据人格权是指自然人对其个人数据享有的使用、支配和管控的排他性权利。

数据的分类分级是政府管理制度设定和行业技术体系落地的共同基础，是数据重要性的直观展现，便于数据安全管理。数据的分类分级可以依照不同地区、不同行业制定标准。浙江省市场监督管理局发布的《数字化改革 公共数据分类分级指南》从数据管理、业务应用、安全保护和数据对象四个维度进行公共数据分类,并根据公共数据遭篡改、破坏、泄露或非法利用后可能带来的潜在影响将数据划为四个安全级别。此外,中国证券监督管理委员会发布的金融行业标准《证券期货业数据分类分级指引》与工业和信息化部发布的《工业数据分类分级指南(试行)》等,都具有广泛的影响力和参考价值。

2. 数据全生命周期安全管控

在《中华人民共和国国民经济和社会发展第十四个五年规划和2035年远景目标纲要》中,强调了数据资源全生命周期安全保护的重要性。一般来说,数据全生命周期包括五个阶段,即数据采集、数据存储、数据传输与共享、数据使用以及数据销毁。若要有效实现数据安全治理,应充分关注这五个阶段中数据的安全风险变化所在。以新冠肺炎疫情常态化的当下为例,各政府职能部门均需对居民的相关隐私数据进行全生命周期的安全管控,其中包括规定所采集公民隐私数据的要求与区别、保障公民隐私数据的安全存储、保护公民隐私数据的安全合规使用等措施,相应的规范标准包括《关于做好个人信息保护利用大数据支撑联防联控工作的通知》和《杭州健康码开发运行规范管理办法》等。

3. 数据安全审计与防护

解决数据安全问题是充分发掘数据价值的前提。因此,与数据安全审计与防护相关的技术得到了高度关注,包括完整性校验、访问控制、数据加密和安全审计等。

数据在传输的过程中会因复杂的环境受到不同来源干扰的影响而使数据产生差错,如脉冲干扰、随机噪声干扰和人为干扰等。因此,数据交互双方必须采用完整性校验来控制差错的产生,包括奇偶校验、海明校验、循环冗余校验等。访问控制指实体通过预先定义策略来限制另一实体访问自身数据的权限。从策略制定方的角度来看,可将访问控制技术分为自主访问控制和强制访问控制。自主访问控制指用户有权将自身所创建的访问权授予其他用户,访问权的授予可随时撤销。强制访问控制是指由系统统一管控所有对象,并依据预设规则决定用户对对象的不同级别设定访问权限。数据加密可保障数据的密文传输。根据加密和解密时所需密钥是否相同,有对称加密和非对称加密两种方式。不同的应用场景下还包括代理重加密、基于密钥策略的属性加密、基于密文策略的属性加密等技术。安全审计指按照既定安全策略,记录、分析系统和用户的活动信息,发现内部系统漏洞、外部恶意入侵的过程。政府或企业可根据具体应用以及自身实际状况制定安全目标,并据此制定相应的安全控制技术、配置方法与规范制度。我国在标准制度上对数据安全审计相关工作进行了探索，比如 2020 年 11 月信息安全标委会发布的《信息安全技术　代码安全审计规范》和 2021 年 12 月国家网信办等十三个部门发布的《网络安全审查办法》。

4.隐私保护与安全计算

由于海量数据流通和共享的需求日趋增长，当前大量数据的隐私泄露问题已引起广泛关注。如美国 Broward Health 公共卫生系统于 2021 年 10 月 15 日遭受黑客攻击，导致超过 130 万人的基本身份信息、医疗历史信息、治疗记录等数据泄露。虽然传统的访问控制、数据脱敏或数据加密技术能在一定程度上保障数据隐私安全，但却不能有效适用于如云计算、分布式协同计算等更广泛应用场景的安全需求。因此，更先进、便捷的隐私保护与安全计算技术逐渐进入人们的视野，其中包括差分隐私、同态加密、多方安全计算和联邦学习等。

差分隐私技术主要用于防范差分攻击，其内涵是数据的计算处理结果对于具体某个记录的变化是不敏感的。以 Apple 公司为例，目前已应用差分隐私技术对用户数据进行随机处理，从源头消除数据泄露隐患。同态加密则是一种基于数学难题的计算复杂性理论的密码学技术，其允许数据进行密文处理，输出的解密结果与用同一方法处理未加密的原始数据得到的输出结果一致。比如医院等数据处理能力弱、计算力不足而又需要保障客户隐私的机构,在与第三方服务商之间交互时可以采用同态加密技术,保证整个数据处理过程中数据内容对第三方完全透明。多方安全计算是一组互不信任的参与方在没有可信第三方的前提下协同计算的理论框架,能在确保输入隐私性的前提下实现正确计算,被广泛应用于需要多方协作计算模式的安全拍卖、电子选举等应用场景。联邦学习是一种加密的分布式机器学习技术,能有效帮助多个机构在满足用户隐私保护、数据安全和政府法规的要求下进行数据使用和机器学习建模,其分类体系包括纵向联邦学习、横向联邦学习和联邦迁移学习等。联邦学习技术目前已赋能众多关键领域,例如"银行＋监管"的联合反洗钱建模与"互联网＋银行"的联合信贷风控建模。

(四)长三角数据安全治理建议

数据安全与治理从概念产生到应用成熟,中间横亘着一道道障碍与险阻。能否突破障碍、跨越险阻,关系到数字法治政府能否真正成为引领信息技术变革、助力数字经济发展、提升公共服务水平的关键因素。结合当下国际现状与我国国情,对长三角数据安全与治理提出如下四点建议。

1. 战略与政策多重并举，强化数据安全治理地位

提高数据安全治理地位是把握数字经济时代科技革命新机遇的战略选择。党的十八届三中全会上提出了"完善和发展中国特色社会主义制度，推进国家治理体系和治理能力现代化。"的战略目标，而数字法治政府的建设顺应数字化发展潮流，是未来实现国家治理能力现代化的压舱石。数据安全治理不是多个工具简单组合而成的产品级解决方案，而是自上而下的战略规划与政策支撑，需要各级政府对数据安全治理达成目标共识，确保数据安全治理措施科学。新时代的数据安全治理不再只是单纯的个人权利保障，更是直接关乎国家安全和社会发展的核心问题。在国际数据安全治理形势愈发复杂的紧要关头，虽然我国各级政府对数据安全治理的重视程度有所加强，也出台了大量相关法律法规，但数据安全治理的战略地位仍有待提升。

2. 立法与监管双管齐下，奠定数据安全保护基础

近年来，我国相继出台了《中华人民共和国网络安全法》《中华人民共和国数据安全法》《中华人民共和国个人信息保护法》等诸多法律，以及《电信和互联网用户个人信息保护规定》《科学数据管理办法》等规章规范。建立健全的数据安全治理法律法规体系

是彰显国家数据主权的依据,是保障数据安全的坚强后盾。上述法律法规的制定广泛借鉴国际先进经验并结合自身国情,体现立法的前瞻性和完整性,但在实际应用中可能仍存在不足,包括本身逻辑缺陷、细粒度不足以及随着新型技术与应用的发展而造成的不适用问题。因此,数据安全治理相关法律的修正与修订同样重要,且其周期相对于其他法律法规可能更短。长三角地区数字化经济发展迅速,相关企业、从业人员众多,存在监管困难问题。从政府角度,需要加强重要基础设施和关键领域的法律监管,主动适应并努力引领新变化,加强政策、法律、监管等维度的统筹协调,动态优化政策法规体系。

3. 业务与科研加速融合,设计数据安全共享框架

数据的开放共享趋势日渐显著,大量基于人工智能、区块链等新技术的新型应用为数据快速共享带来极大便利,但由此引申的数据安全风险更加难以发现和溯源,给数据安全治理带来了严峻挑战。因此,对新型应用的安全评估监测体系的建立迫在眉睫。其实,现阶段新型应用中的技术细节并不一定"新颖",而针对相应技术的攻防前沿基本都在科研领域。我国在安全领域的科研地位虽与美国等国家尚存差距,但近些年来进步明显,现阶段培养的安全领域科研人才在基数上已有一定的规模。若能有效实现政府、企业与高校、研究院的互通协作,在政策制度上给予便利,可推进业务与

科研的融合速度。另外,数据安全共享需要一个统一的框架,该框架除了能适应于数字法治政府建设、社会数字化发展浪潮外,还应跟进国际前沿安全技术,拔高数据安全治理上限。

4. 推进数据的开放共享,构建数据安全保护生态

我国的数字经济将在"十四五"时期转向深化应用、规范发展和普惠共享的新阶段,建立良好的数据安全保护生态是落实数据安全共享的必由之路。为构建数据安全保护生态,需结合数据全生命周期各阶段打造防护体系和安全规范。采集阶段要做好源数据质量评估和安全检测,实现科学分类分级;存储阶段需要关注物理环境中存储介质和网络环境中访问控制的安全,科学实施加密存储、容灾备份等措施;传输与共享阶段做好加密传输、数据脱敏等工作;使用阶段做好数据的访问控制,建立完善的认责制度;销毁阶段依据数据类型与级别落实介质销毁或数据销毁等工作。同时,应以新时代中国特色社会主义思想为指导,以数据安全共享为主线,加强数字基础设施建设,完善数据安全治理体系,打造数据安全保护生态,为数据安全治理提供有力支撑。

图书在版编目（CIP）数据

数字长三角战略.2022:数字法治 / 浙江大学数字
长三角战略研究小组著. —杭州：浙江大学出版社，
2022.6
ISBN 978-7-308-22621-9

Ⅰ.①数… Ⅱ.①浙… Ⅲ.①数字技术—应用—长江
三角洲—区域经济发展—研究—2022　Ⅳ.①F127.5-39

中国版本图书馆 CIP 数据核字(2022)第 080676 号

数字长三角战略 2022：数字法治

浙江大学数字长三角战略研究小组　著

策划编辑	张　琛　吴伟伟
责任编辑	陈佩钰(yukin_chen@zju.edu.cn)
责任校对	许艺涛
封面设计	雷建军
出版发行	浙江大学出版社
	（杭州市天目山路 148 号　邮政编码 310007）
	（网址：http://www.zjupress.com）
排　　版	杭州青翊图文设计有限公司
印　　刷	浙江海虹彩色印务有限公司
开　　本	710mm×1000mm　1/16
印　　张	10
字　　数	100 千
版 印 次	2022 年 6 月第 1 版　2022 年 6 月第 1 次印刷
书　　号	ISBN 978-7-308-22621-9
定　　价	68.00 元